日本にいながら米国の不動産が購入できる!

テキサスで始める ワンルームマンション 投資

ニック・市丸

ダイヤモンド社

はじめに

〝米国の成長都市の不動産が、たった1000万円で買える――〟

不動産投資に興味があって、米国経済の動向にも詳しい人なら、これがいかにすごいことなのか、おわかりいただけるのではないでしょうか。

たとえば、テキサス州の北部に位置するダラスは、GDP（州内総生産）成長率がニューヨークやロサンゼルスといった他の大都市を大きく上回り、近年、成長のスピードはますます加速しています。

にもかかわらず、ダラスの不動産価格はニューヨークやロサンゼルスの3分の1程度。コンドミニアム（日本のマンションに相当）なら、1戸1000万円程度から取得できてしまうのです。

もちろん、不動産価格は経済発展とともに上昇するので、他の大都市に比べてGDPの成長スピードが速いダラスの不動産価格は、10年後、20年後には2〜3倍になっているかもしれません。つまり、まだ価格がそれほど上がっていない、いまのうちが狙い目だと言えるわけです。

皆さんは、テキサスという地名を聞いて、どのようなイメージを抱くでしょうか？

おそらく、昔の西部劇の舞台となった見渡す限りの大平原、テンガロンハットを被ったカウボーイや保安官、ネイティブアメリカン（アメリカインディアン）といった登場人物を思い浮かべる人が多いのではないでしょうか。米国の地理や歴史に通じている人なら、テキサス州は米国で最も石油埋蔵量が多く、古くから石油産業が大きく発展してきたこともご存じでしょう。

現在もテキサスでは、広大な土地を利用した農業や石油産業などが州経済を支えています。ですから、特に年配の人にとっては、西部劇や、テキサス州を舞台とする『風と共に去りぬ』などの古い映画で見た、牧歌的なイメージが強いのも無理はありません。

しかし、実際にダラスやヒューストン、オースティンといった州の大都市を訪ねてみると、多くの日本人が思い描くテキサス州のイメージとは大きく異なり、非常にモダンで洗練された近代都市であることに驚くはずです。

テキサス州は農業や石油産業が盛んな州ですが、じつは全米きっての製造業の州でもあるということは、日本人にはあまり知られていません。

ダラスがニューヨークやロサンゼルスを上回る経済成長を遂げているのは、米国の貿易・物流の拠点であるダラス・フォートワース国際空港や、インターナショナル・インランド・ポート・オブ・ダラス（IIPOD）などを擁し、製造業が工場を構えるには最高の立地であるからです。

人件費もニューヨークやロサンゼルスに比べれば安く、全米はもちろん、海外から若い労働力がどんどん集まっていることが、ダラスの急速な経済成長を支えています。

また近年は、ITを中心とするハイテク関連産業が急速に集積しており、ダラスの北部は「シリコンプレーリー」、州都のオースティンは「シリコンヒルズ」と呼ばれるほど、IT系ベンチャー企業やスタートアップが軒を連ねています。

本家であるシリコンバレーにはまだ及ばないものの、世界中の起業家たちの間では、「シリコンバレーの次に来るのはテキサスだ」という認識が高まっており、実際にテキサス州を目指す若者たちが増えているのです。

では、具体的にテキサス州の何が、それほど若者たちを引きつけるのでしょうか？

まずテキサス州は、人々が住みやすい温暖な気候に恵まれています。南カリフォルニアにあるシリコンバレーも暖かい地域ですが、テキサス州の年間平均気温はさらに高く、1年を通じて快適に暮らすことができます。農業や牧畜が盛んなことに加え、海産物に恵まれたメキシコ湾にも面しているので、おいしい食べ物も豊富です。

何より、若者たちにとってありがたいのは、テキサス州はシリコンバレーに比べて家賃や物価が非常に安いことです。

都市や物件にもよりますが、ダラスのコンドミニアムやアパートメント（日本のマンションに相当）などの家賃は、月800〜1100ドル（約8万〜12万円）といったところ。東京の単身者向け賃貸アパート・マンションの家賃とほとんど変わりません。年収1000万円以上でも家を借りるのが難しいシリコンバレーと比べると、テキサス州は夢のような場所なのです。「起業の夢をかなえたいけれど、シリコンバレーは敷居が高すぎる」とあきらめていた若者たちの多くがテキサス州を目指すのは、当然の流れと言えるでしょう。

若者たちがテキサス州を目指す理由はそれだけではありません。

もちろん暮らしやすさや物価の安さは大きな魅力ですが、それに加えて、テキサス州には「自分の持つアイデアや技術で世の中を大きく変えたい」と思う若者たちにとって、刺激を与えてくれるさまざまな環境が整っているのです。

その象徴とも言えるのが、州都のオースティンで毎年3月に開催される『サウス・バイ・サウスウエスト』(以下、SXSW)と呼ばれる大規模なコンベンションです。

もともとは米国のインディーズ系のミュージシャンたちによる音楽祭として1987年に始まったイベントですが、その後規模を拡大し、マルチメディアやITビジネス、エコロジーなどの分野を含む、総合的なコンベンションへと発展。いまでは10日間の会期中に、世界中から20万人以上が集まるほどの大きなイベントに成長しました。

SXSWのユニークな点は、たとえばITビジネスに関するプレゼンテーションでも、すぐに事業化できそうな技術やアイデアより、多少現実離れしていたり、荒唐無稽であったりするほうが受け入れられやすいところにあります。

誰もが「ありえない」と思うほど突き抜けた発想のほうが、むしろ世の中を大きく変える力を持っているという考え方が強いのです。そうした途方もない話を喜んで受け入れ、面白がってくれる聴衆が集まるイベントなので、自分の技術やアイデアの突き抜けっぷりに自信を持ち、世界を変えたいと意気込んでいる起業家たちがこぞって応募したくなるというのも十分うなずけます。

そして、こうした自由で刺激的な空気に満ちた場所であれば、「ここに腰を据えて会社を起こしたい」という気持ちも強くなるはずです。

このように、世界中から優秀な若者たちが集結するテキサスは、いまから10年後、20年後には、ダラスの「シリコンプレーリー」やオースティンの「シリコンヒルズ」が〝次のシリコンバレー〟として脚光を浴びる日がやって来る――。私はそう確信しています。

これは、日本に住む不動産投資家から見ても大きなチャンスではないでしょうか。

幸いなことに、まだ日本の投資家のほとんどは、「いま、テキサスがすごいことになっている」という事実に気づいていません。大平原やカウボーイといったステレオタイプが定着しているせいか、最先端のテクノロジーや文化がどんどん生み出される先進的な場所になるという可能性に気づいていないのです。

そして言うまでもなく、投資で成功するための秘訣は、まだ誰も注目していない投資対象に着目していち早く資金を投入することです。

テキサス州が今後も他州を上回る経済成長を続ければ、10年、20年で不動産価格が大きく上昇する可能性が十分にあります。そうしたポテンシャルにいち早く気づき、まだ不動産価格が手ごろないまのうちに物件を取得しておくことが、より大きな投資の〝実り〟を得るための秘策だと言えるのではないでしょうか。

日本の投資家のほとんどはまだ気づいていないと書きましたが、じつは、すでに動き出している日本の投資家も存在します。

私の会社では、2014年からダラスを中心とするテキサス州の1棟もののコンドミニアムを日本の個人投資家向けに分譲するサービスを提供しており、これまでの3年間で、すでに2000戸以上もの区分所有コンドミニアムを販売しました。

人気の理由は、ここまで述べたように、テキサス州が大きな成長のポテンシャルを秘めていて、人口流入が増えていること。また、その結果として、相対的に高いキャピタルゲイン（不動産の値上がり益）やインカムゲイン（家賃収入）が期待できることです。

都市や物件によっても異なりますが、当社が販売するテキサス州の賃貸用不動産では、キャピタルゲインとインカムゲインがそれぞれ年4％前後、合わせて年8％前後の利益を見込める物件も少なくありません。よく「72の法則」と言われるように、年利回りが7・

2％の投資を行うと資産は10年間で2倍になりますが、テキサス州の賃貸用不動産を取得すれば、10年間で資産倍増も決して夢ではないのです。

また、詳しくは本編で述べますが、米国で築20年あるいは築22年以上の木造不動産を取得すると、日本の所得税を向こう4年間にわたって大幅に減額できるというメリットもあります。この節税面の利点に着目して、節税対策のために数戸から十数戸の中古のコンドミニアムを取得する高額所得のお客さまもいらっしゃいます。

このほか、多くのお客さまに受け入れられた最大の理由は、私たちが提供するダラスの区分所有コンドミニアムの価格が7万～10万ドル（約800万～1100万円）と手ごろであることです。日本で言えば、大都市圏の中古ワンルームマンション1室、地方の新築ワンルームマンション1室とほぼ同じ値段で、リノベーション済みのモダンなコンドミニアム1戸が手に入るのです。感覚としては、日本におけるワンルームマンション投資に近いものと言えるでしょう。

これならサラリーマン大家さんや、相続対策のために少額の物件を複数取得したい高齢者の方々にも手が届く金額ではないでしょうか。事実、当社がコンドミニアムを販売したお客さまの中には、若いサラリーマンやビジネスウーマン、すでに仕事をリタイアしたシニアの方などが大勢いらっしゃいます。

これほど手ごろな価格で物件が販売できるのは、繰り返しになりますが、テキサス州の不動産相場がシリコンバレーなどに比べるとまだまだ格段に安いからです。

できるだけ安く買って大きな値上がり幅を得るのは投資の基本ですが、テキサス州の不動産ならその実現可能性が高いのです。

もちろん海外の不動産を取得するとなると、いろいろな不安や心配を感じるはずです。日本とは勝手が違いますから、「騙されて劣悪な物件をつかまされるのではないか？」とか、「家賃は本当に入ってくるの？」「管理は誰がやるの？」といった不安がつきまとうのも無理はありません。本書では、テキサス州における〝ワンルームマンション投資〟の魅力をお伝えするとともに、そうした素朴な疑問もひとつずつ、わかりやすく解決していきます。

また、テキサス州で不動産投資をする際のリスクや注意点についても詳しく解説します。いかなる投資にもリスクは必ずつきまといますが、あらかじめ想定されるリスクを知って適切な対策をしておけば、必要以上に恐れることはありません。

不動産投資を成功させるための秘訣は、何といっても、人口が増加していて、経済成長が期待でき、なおかつ取引における透明性と信頼性が高い場所を狙うことです。そして、テキサス州の不動産は、これらの条件をすべて兼ね備えたものであることが、おわかりいただけることでしょう。

ぜひ、本書を読んでテキサス不動産投資の魅力を知っていただき、実りある投資成果を手にしていただければと思います。

2018年3月

ニック・市丸

CONTENTS

第1章

なぜテキサスの不動産に投資するのか？

国内ではなく海外で不動産投資をする理由

「国内志向」が強い日本の不動産投資家

皆さんは「ホームバイアス」という言葉をご存じでしょうか？　日本語に訳すと「国内志向」。その意味するところは、モノを買ったり、投資先を選んだりする際に、海外の製品よりは国内製品を、海外の投資対象よりは国内の投資対象を選びやすい傾向のことです。

いまでこそ、私たちの身の回りは中国製や東南アジア製などのモノがあふれ返っているものの、「品質がよくて壊れにくい国産品のほうが、確実に信頼が置ける」というのは、日本人にとって常識的な感覚と言えるでしょう。

実際のところ、大手家電メーカーなどが海外で現地生産している製品はもちろん、100円ショップで売られている安価な輸入品であっても、日本の企業やバイヤーが厳格に品質をチェックしているので、粗悪な品物が店頭に並ぶことは滅多にないと思います。それでも、「やはり日本人がつくったもののほうが安心できる」というバイアス（偏った意識）を拭い去ることは難しいようです。

投資についても、まったく同じことが言えます。

たとえば株式投資の場合、多くの日本人が売買するのは、社名や商品・サービスの中身をよく知っている日本株です。米国や新興国といった海外の株を取引する人もいますが、日本の個人投資家の中ではごく少数派でしょう。

もちろん日本株のみに投資しても、それなりに利益を上げることは可能です。実際、過去5年間の日経平均株価は、アベノミクスの成果や2020年に開催される国際的スポーツイベントへの期待などによって2倍も上昇しました。

しかし、海外に目を向ければ、同じ期間で株式相場が日本株以上に値上がりした国・地域はいくらでもあります。

また、日本経済は国際的スポーツイベント終了後に、再び停滞するのではないかという懸念もささやかれ始めています。株価は経済の力強さを示すバロメーターであり、将来的にいまの日経平均の勢いが続くとは限りません。むしろ長期的に見れば、日本株一辺倒での投資は、大きなリスクをはらんでいるかもしれないのです。

そうは言っても、「よく知らない国や会社の株に投資するのは、何となく怖い」という気持ちが湧いてしまうのも、また人情です。どんなに有望で、絶好のタイミングだと言われても、海外への投資につい尻込みしてしまうのは、ある意味当然のことと言えるでしょう。

私は、数ある投資の中でも、とくに日本人のホームバイアスが働きやすいのは不動産投資ではないかと思っています。

長年不動産投資をしてきた人でも、海外の物件を所有しているのはほんのひと握りしかいないというのが個人的な感想です。

その理由はいくつか考えられますが、「海外の不動産業者は、何となく胡散臭い」「勝手が違う海外では、どれがいい物件なのかを見極めにくい」「海外では物件を頻繁に見に行くことができないので、管理が不安だ」といったことが、投資をためらわせる大きな理由になっているのではないかと思います。

こうした考えには誤解や偏見も多分に含まれているので、これから本書の中で解消していきたいと思います。いずれにしても、「何となく怖い」という漠然としたイメージによって、海外不動産投資を敬遠している人が多い印象があります。

投資は自己責任なので、海外の物件に目を向けるのも向けないのもその人の自由です。しかし、米国と日本の不動産市場を見ている者からすれば、日本の不動産市場の先行きのことを考えたときに、このまま〝食わず嫌い〟の状態で海外に出ることを躊躇し続けていて本当にいいのですか、と問いたいのです。

日本はすでに人口減少時代に突入しており、年を追うごとに国内の不動産市場が縮小していくことは間違いありません。つまり、国内の不動産投資から得られる利益もまた、確実に小さくなっていく未来が「見えている」のです。

日本の不動産市場は成長の見込みが薄い

日本の人口が減り続けるということは、住宅のニーズが縮小していくということです。

そして、その兆候はすでに現れ始めています。

ここ数年、「空き家問題」が日本の大きな社会問題のひとつとしてクローズアップされていることは、皆さんもよくご存じでしょう。

【図1‐1】に示したのは、総務省統計局が調査した「空き家数および空き家率の推移‐全国」です。この図を見てもわかるように、日本の総住宅数は過去50年間、右肩上がりで増え続けており、それに伴って空き家の数も増えています。

しかも、総住宅数に占める空き家の割合（空き家率）は、１９６３（昭和38）年の２・５％から、２０１３（平成25）年には13・5％と、50年間で5倍以上に上昇しているのです。

総住宅数が増え続けているのには、日本では持ち家として中古物件ではなく新築を持ちたがる傾向が強いことが、大きな理由のひとつとして挙げられます。核家族化の進行とともに新しい家が次々と建てられ、住宅ストック（戸数）が積み上がっていったわけです。

また近年は、【図1‐2】に示したように、人口減少によって住宅需要が縮小しているにもかかわらず、供給には依然としてアクセルがかかっているのです。

これでは空き家率が加速度的に上昇するのも当然です。日本政府もこのことに危機感を抱いており、重要な政策課題のひとつとして空き家対策に取り組んでいます。しかし、今

【図1-1】空き家数および空き家率の推移ー全国

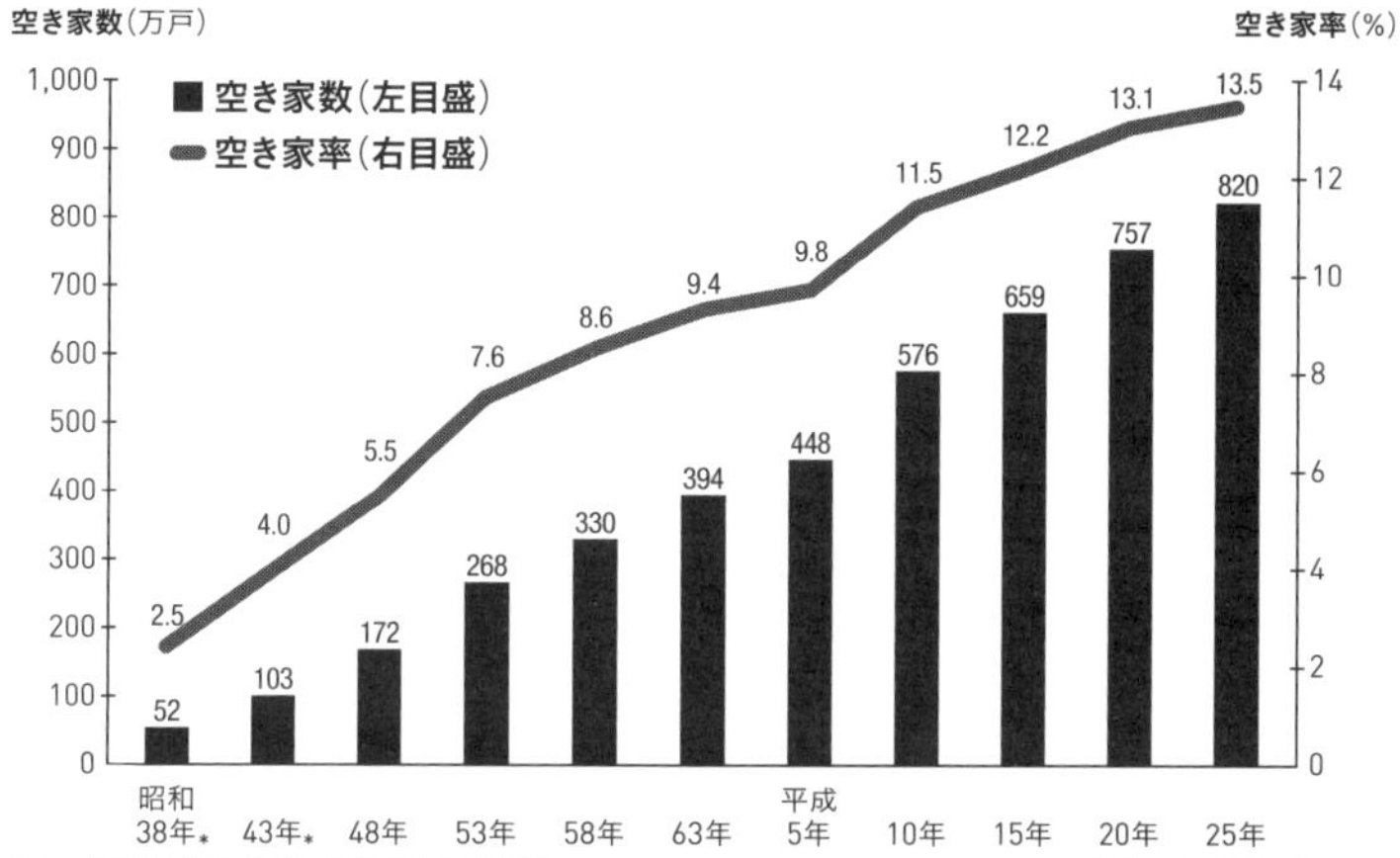

出典：総務省統計局「住宅・土地統計調査結果」　＊印の数値は、沖縄県を含まない。

【図1-2】マンションの供給戸数（竣工ベース）

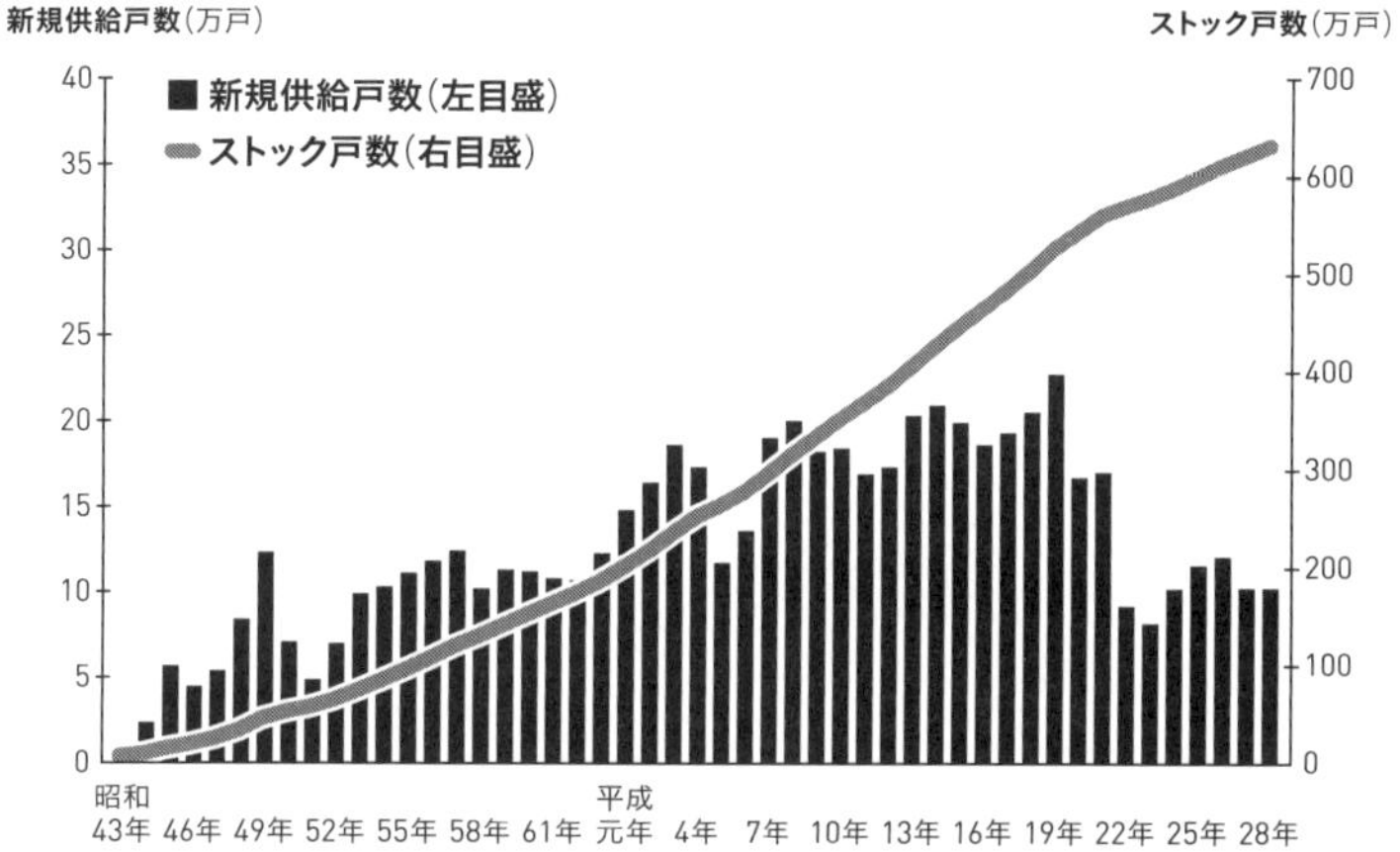

注）1.新規供給戸数は、建築着工統計等を基に推計した。2.ストック戸数は、新規供給戸数の累積等を基に、各年末時点の戸数を推計した。3.ここでいうマンションとは、中高層（3階建て以上）・分譲・共同建で、鉄筋コンクリート、鉄骨鉄筋コンクリートまたは鉄骨造の住宅をいう。

出典：国土交通省

後、日本の人口減少ペースはますます加速していくことが見込まれているので、〝家余り〟の状況を抜本的に解決することは難しいでしょう。

需要に対して供給が過剰になれば、価格が徐々に下落していくのは言うまでもありません。いまのところ、日本の地価は東京・名古屋・大阪の三大都市圏などでは上昇していますが、地方の地価は下がり続ける一方で、人口減少が深刻な地方ほど不動産市場が冷え込んでいることは明らかです。

三大都市圏であれば、地方からの人口流入によって住宅需要が拡大するという楽観的な見方もありますが、必ずしもそうとは言い切れません。

実際、【図1-3】の東京都の「空き家数および空き家率の推移」を見ると、全国と同じように空き家数は年々上昇しています。空き家率も、全国平均ほどではないものの、11・1%とかなり高い水準になっていることがわかります。

これは、都内では新築マンションが次々と建設される一方で、中古の貸アパート・マンションからは入居者が退去して新築へと移り住む事態が発生し、トータルとしては空室が増えてしまうことになるのも原因と考えられます。つまり、東京では新築の賃貸住宅のニーズは安定しているものの、古いアパート・マンションは借り手が付きにくいという二極化が顕著になっているのです。

　そうした状況では、賃貸経営で成功できる人は、ほんのひと握りに限られてしまいます。今後も新たな賃貸アパート・マンションが建設され続ければ、競争はますます激しくなるでしょう。中古でも非常に良質な物件であれば、入居者を常に確保し、家賃収入を安定的に得ていくことは期待できるかもしれませんが、そうでなければ、家賃を下げてもなかなか入居者が確保できず、経営が赤字化するリスクが高まる可能性があります。

　このように、私から見ると、日本の不動産市場は成長の見込みが非常に薄く、投資先としての魅力も決して高いとは言えませ

【図1-3】空き家数および空き家率の推移―東京都

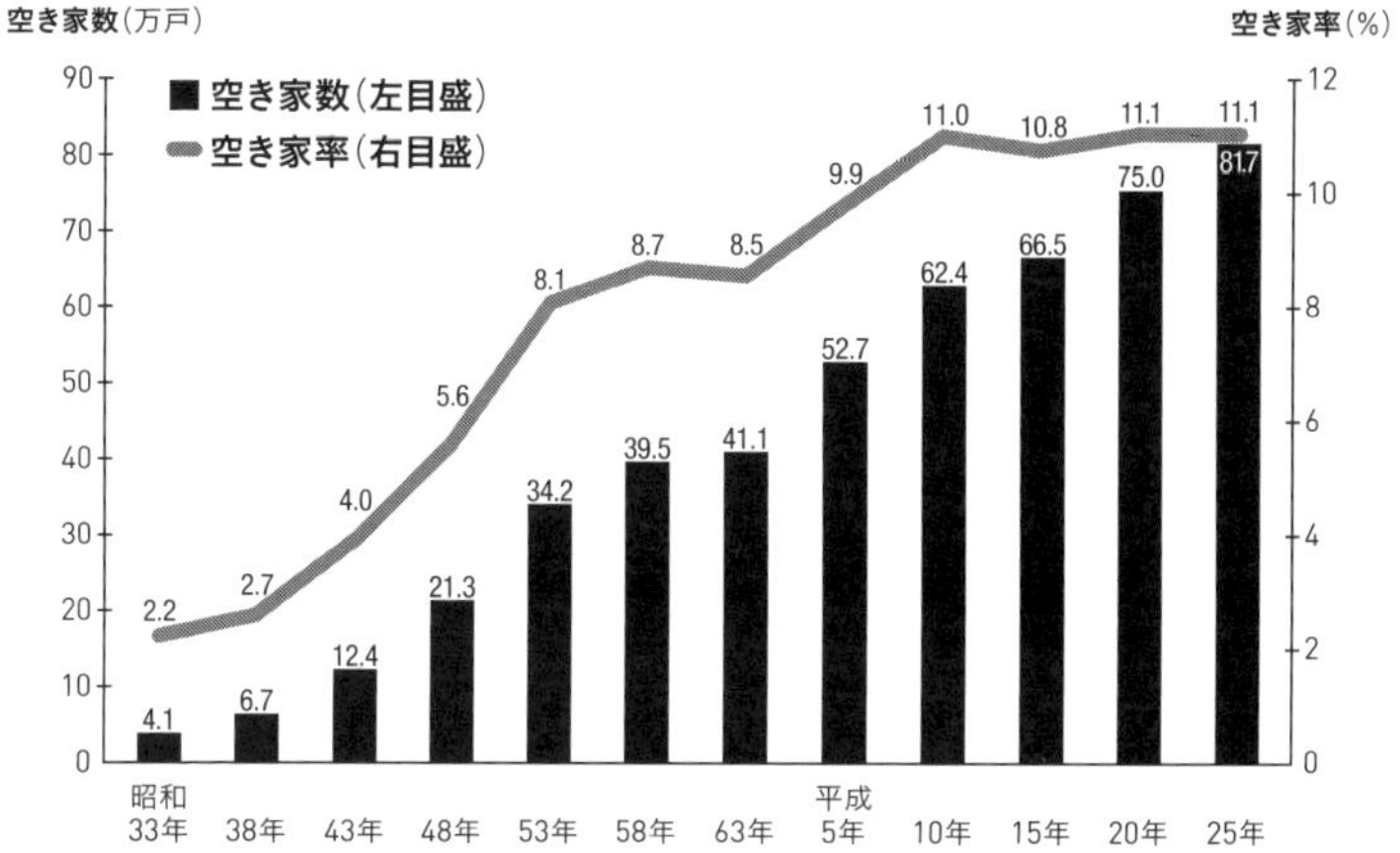

注）空き家のうち、賃貸用は46.5万戸、売却用は4.6万戸、別荘等二次的住宅は1.7万戸、その他の住宅は22.3万戸となっている。
出典：総務省統計局「住宅・土地統計調査結果」

ん。

いまこそ、ホームバイアスを外して、より魅力的な海外の不動産市場に目を向けてみるのもいいのではないでしょうか。

海外不動産投資のメリットとは

では、海外不動産投資には、具体的にどのようなメリットがあるのでしょうか。まず大きなメリットとして挙げたいのは、現在の日本と違って、今後も不動産市場の成長が期待できる国や地域がたくさんあることです。

世界には約200の国と地域がありますが、人口減少が始まったとされる国・地域は、日本や欧州の先進国を中心に数十カ国ほどです。アジアや中南米、アフリカといった新興国の大部分では、いまでも人口が増え続けているのです。

これらの国・地域では、経済発展や国民所得の増加とともに、富裕層や中間層向けの住宅が次々と建設されています。それでも、多くの国・地域では不動産価格がどんどん上がり続けており、なかにはバブルと言えるほど価格が高騰している国・地域もあります。国民所得の急増に伴い、高額なマンションや戸建て住宅を買える人もまた増えているのですが、そのペースに住宅供給が追いついていないのです。

ちなみに、私が住む米国は、日本や欧州の先進国とは異なり、人口が増え続けている数少ない先進国のひとつです。ほかの先進国と同じように、米国でも出生率は年々下がり続けていますが、それを上回る勢いで海外からの移民が増えていることが、人口増の大きな要因です。米国の人口は現在約3億2500万人ですが、2050年には4億人を超えることが確実視されています。トランプ大統領による移民抑制政策がブレーキになる可能性もありますが、国民からの反対が強いこともあり、人口増のトレンドは今後もそう大きく変わることはないと考えられます。

いずれにしても、人口が増え続けることは、不動産市場が成長し続けるための前提条件と言えるものであり、投資先を選ぶうえではとくに注目したいポイントです。

次にメリットとして挙げられるのは、国際分散投資が図れる点です。

海外の不動産を買うというのは、その国・地域の通貨建てで資産を持つということです。

現在のような円安基調の状況では、円が安くなればなるほど、外貨建て資産の価値が上がります。逆に円高が進んだ場合は、海外に持っている資産の価値が目減りする可能性もありますが、それでも、国内と海外の両方に資産を持っておけば、為替リスクを分散することができます。

また将来、日本の不動産市況が低迷し、国内に保有する不動産の価格が下がったとしても、海外に持っている不動産の価格が上がれば、その損失を補うことも可能となるのです。

そしてもうひとつ、海外不動産に投資する大きなメリットとして挙げられるのは、日本の不動産よりも相対的に高いキャピタルゲイン（不動産の値上がり益）やインカムゲイン（家賃収入）が期待できることでしょう。

経済成長や人口増加に勢いがある国と、そうでない国とでは、不動産価格の上昇率や上昇ペースにも大きな違いがあります。

日本では不動産を取得しても、将来価格が2倍になることは滅多にありませんし、10年間も所有していたら、むしろ売却時には価格が下がるのが普通です。

しかも、経済成長の勢いがある国・地域では、物価とともに家賃も上がり続ける傾向があります。日本では、建物や設備が古くなればなるほど家賃が下がっていくのが普通です。しかし、海外では、国や地域によっては、修繕・修理やリノベーションさえしっかり行えば、入居者が入れ替わるたびに家賃を上げていくことも不可能ではありません。結果的に、キャピタルゲインとインカムゲインの両面で大きなリターンが期待できるわけです。

海外不動産投資にはリスクもある

ただし、当然ながら海外不動産投資にはリスクもあります。

これは不動産投資に限ったことではありませんが、少なくとも、①カントリーリスク、②為替変動リスク、③法令や慣習の違いによるリスク、という3つの大きなリスクがあることを理解しておきましょう。

カントリーリスクとは、投資先の国・地域において政治的な問題や事件が発生し、経済や市場などに悪影響を及ぼすリスクのことです。

たとえば戦争や政変、クーデターなどが発生すると、その国の経済にも大きな混乱が生じ、通貨が暴落したり、保有する不動産や株式などの価格が大幅に下落したりする可能性があります。一概には言えませんが、経済規模の小さな国や政権基盤の不安定な国ほどカントリーリスクは高くなりやすい傾向があります。

為替変動リスクとは、投資先の国・地域の通貨価値が不安定化したり、下落したりするリスクです。先ほど、海外不動産投資のメリットのひとつとして為替リスクを分散できる効果を挙げましたが、投資先の通貨が大幅に下落すれば、資産価値が大幅に目減りする可能性もあることを忘れてはいけません。

一般に為替変動リスクは、流通量の少ない通貨ほど大きくなります。アジアやアフリカ、中南米などの新興の国・地域の通貨はおしなべて流通量が少なく、まとまった買いが入ると相場が大きく跳ね上がる半面、売り浴びせられるとたちまち暴落する危険があります。

法令や慣習の違いによるリスクとは、文字どおり、投資先の国・地域の法律や商慣習の違いから、日本では当たり前だと思っていることが通用しないリスクのことです。たとえば、バングラデシュでは外国人など非居住者による不動産の取得は認められていません。カンボジアでは非居住者はビルやコンドミニアムの２階以上の部分しか購入することができないというルールがあります。ほかにも、マレーシアでは非居住者が購入できるのは１００万リンギット（２５００万円）以上の物件に限られており、フィリピンでは外国人が土地や土地付きの戸建て住宅を購入することが禁止されています。

そうした法律や制度の違いを知らずに、現地の不動産業者やエージェントなどから言われるままに物件を購入してしまうと、投資したお金をみすみす失ってしまうこともあるので注意が必要です。

また、日本ではありえない話ですが、東南アジアなどでは、建物が完成する前の段階で頭金を入れ、完成後に残金を払う「プレビルド方式」という不動産取引契約も一般的です。たとえば１５００万円の物件を購入する場合、頭金として５００万円を先に支払い、３年後に建物が完成してから残りの１０００万円を支払う仕組みです。

東南アジアの国々では、物価や不動産価格が毎年２ケタずつ上昇することも珍しくありません。仮に建物が完成するまでの３年間で物件価格が２０００万円まで上がれば、それを1500万円で手に入れたことで500万円の差益が得られるというのが、この方式のメリットです。

しかし実際のところ、思惑どおりに物件価格が上がる保証はありませんし、プレビルド方式による不動産取引をめぐっては、現地の仲介業者の不手際などでトラブルに巻き込まれたりするケースもあると聞きます。

これも一概には言えませんが、不動産市場が未整備で、取引の透明性が低い国・地域ほどトラブルに陥りやすい傾向があるようです。

このように海外不動産投資では、どの国・地域を投資先に選ぶかということが、リスクを最小化するための重要なポイントとなります。不動産市場がしっかりと整備され、取引の透明性が高い国・地域を選ぶことが、海外不動産投資で成功するための第一歩と言っても過言ではありません。

その点、何と言っても安心なのは、やはり米国です。

不動産市場が整備され、取引の透明性も高い米国

私は、これから海外不動産投資を始めたいと思っている人には、米国の不動産を取得することをお勧めします。

なぜなら、米国の不動産市場は新興国などと違い、しっかり整備されているからです。法律が整っていて、取引の透明性も非常に高いという特徴があります。

【図1-4】は、世界的な総合不動産サービス会社であるジョーンズラングラサール（JLL）が隔年で発表している「グローバル不動産透明度調査」の2016年版の総合ランキングですが、これによると米国の不動産透明度は世界4位とかなり上位にランクインしており、日本の19位を大きく上回っています。

この、不動産取引の「透明度」が高い、とは、具体的にはどういうことでしょうか？

たとえば、日本の不動産取引では、仲介会社が不動産の売主と買主の双方にかかわって、両方から手数料を取るのが一般的ですが（これを「両手取り」と言います）、両手取りの場合、構造的にどうしても売主と買主の利益相反が生じます。結果、契約において一方が

不利な条件となってしまう可能性があるのです。その点、米国では売主・買主がそれぞれに仲介会社を立てるのが普通なので、お互いに不利益のない契約を結ぶことが可能です。

この点だけを見ても、米国の不動産取引が、高い透明性を保っていることがおわかりいただけるのではないでしょうか。

また、米国の不動産取引では、仲介会社のほかに、売主と買主との間に立って、お金のやり取りや権利関係の確認、手続きなどを代行してくれる「エスクロー会社」を利用するのが一般的です。

エスクロー会社は、あくまでも公正中立な第三者として、売主と買主のどちらの利益にも偏ることなく、取引が双方の契約どおり実行されるように諸々の手続きを行ってくれる機関です。日本のように売主と買主が直接、双方の利害にかかわるお金のやり取りや権利関係の確認をするのと比べると、トラブルが少なくスムーズに取引を完了できるメリットがあります。

もうひとつ、何と言っても米国の不動産市場の大きな魅力は、日本とは比べものにならないほど市場に〝厚み〟があることです。

市場に厚みがあるというのは、取引される物件の数が多いことに加え、物件の種類や価

【図1-4】国・地域別の不動産不透明度インデックス

透明性順位	国・地域名	スコア		透明度レベル
1	英国	1.24		高
2	オーストラリア	1.27		高
3	カナダ	1.28		高
4	**米国**	**1.29**		**高**
5	フランス	1.34		高
6	ニュージーランド	1.45		高
7	オランダ	1.49		高
8	アイルランド	1.60		高
9	ドイツ	1.65		高
10	フィンランド	1.66		高
11	シンガポール	1.82		中高
12	スウェーデン	1.82		中高
13	ポーランド	1.85		中高
14	スイス	1.86		中高
15	香港	1.89		中高
16	ベルギー	1.90		中高
17	デンマーク	1.92		中高
18	ノルウェー	2.00		中高
19	**日本**	**2.03**		**中高**
20	チェコ共和国	2.10		中高

出典：JLL「2016年版グローバル不動産透明度インデックス」

格帯などが豊富にそろっていることを言います。

たとえば、日本では年間98万戸の新築住宅が着工し、16・9万戸の中古住宅が取引されていますが（2013年）、米国では新築が100・3万戸、中古住宅にいたっては約29倍の494万戸（2014年）と、日本を圧倒的に上回っています。

【図1-5】のデータが示すように、新築・中古を合わせた住宅流通数は、日本の114・9万戸に対し、米国は594・3万戸と、約5・2倍もの差が開いています。

このように市場に厚みがあると、買いたい物件を選り取り見取りに選べるだけでなく、競合する物件も多くなり価格が平準化

【図1-5】既存住宅流通戸数の日米比較

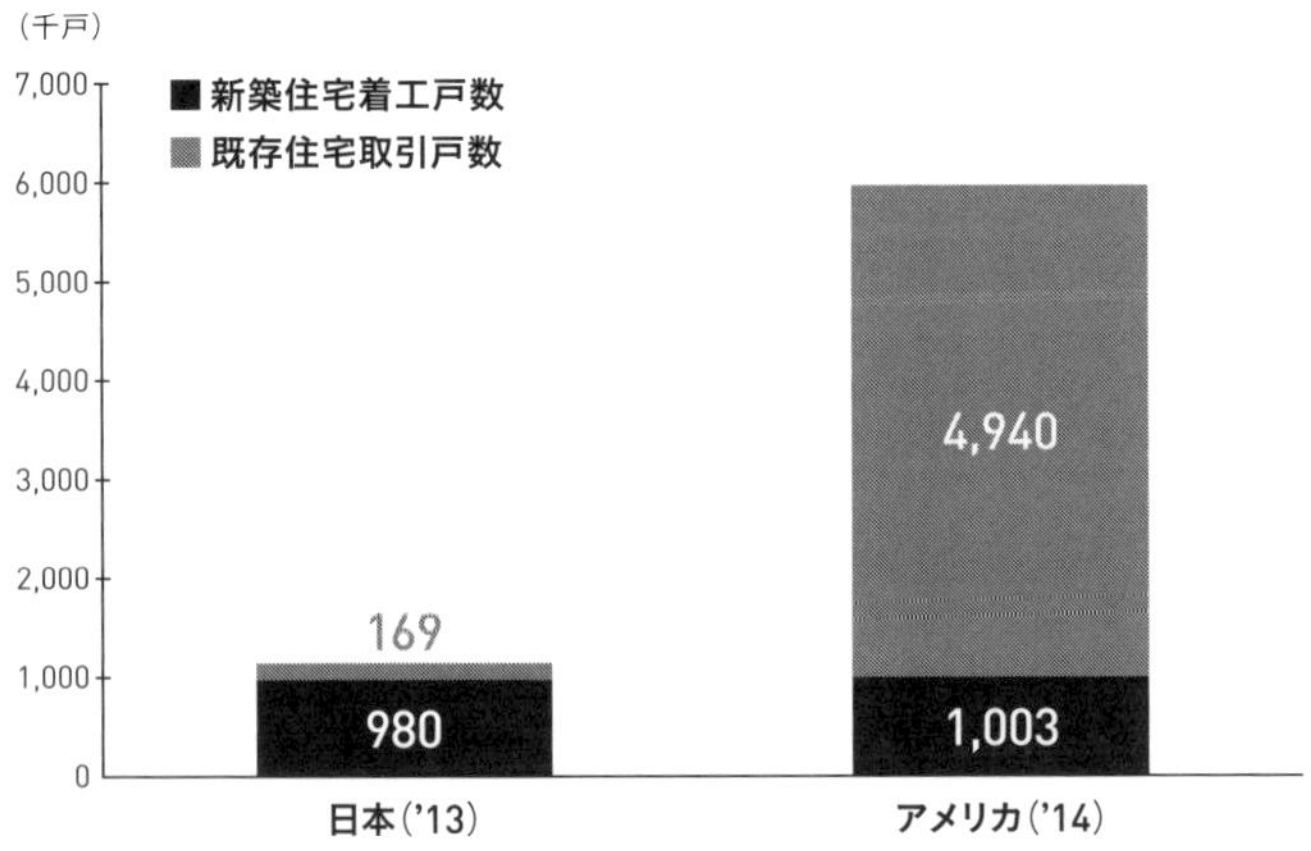

出典：国土交通省

されます。そのため、売主から高い値段を吹っかけられたり、売却するときに買い叩かれたりするリスクも低いのです。

また米国では、全国のすべての物件について、立地や築年数、間取りといった基本情報はもちろん、過去の取引履歴や売買金額などもチェックできるＭＬＳ（Multiple Listing Service）と呼ばれる不動産総合情報サービスが整備されています。

取得したい物件に関する情報はすべてインターネット上でオープンにされているので、不当に高い価格を提示される心配はそもそもありません。

このように、成熟した米国の不動産市場は、適正な価格で公平に物件を取引できる環境が整っています。海外不動産投資を始める人にお勧めできる国だと言った意味を理解していただけたのではないでしょうか。

経済成長も人口増加も加速する数少ない先進国

米国は、これから海外不動産投資をする人にとって始めやすいだけでなく、より大きな投資成果が期待できるという意味でも魅力的な国です。

なぜなら、先進国の中でも高い経済成長率を持続しており、不動産需要の支えとなる人口も着実に増え続けているからです。

先ほども述べたように、米国は現在でも日本の約2・6倍にあたる3億2500万の人口を抱えていますが、今後さらに増え続け、2050年には4億人を突破することが確実視されています。

しかも、日本と違って高齢化社会の心配もありません。米国の人口増のうち、かなりの部分は海外からの移民流入によるもの。つまり、労働力となる若い年齢層の比率がおのずと大きくなるからです。

【図1－6】は日米の現在と将来の人口ピラミッド（性別・年齢別人口）を比較したものですが、日本の人口ピラミッドの底辺（年少人口と生産年齢人口）が次第に先細っていくのに対して、米国は現在でも年少人口と生産年齢人口に厚みがあり、2050年になっても、その構成はほとんど変わらないと予測されています。

生産年齢人口の割合が減っていけば、国の経済力が衰えていくのは自明の理です。日本と米国、どちらの経済のほうが将来有望であるのかは一目瞭然でしょう。

ちなみに現在、米国には1982～1995年に生まれた「エコーブーマー」と呼ばれ

【図1-6】年齢別人口構成の日米比較

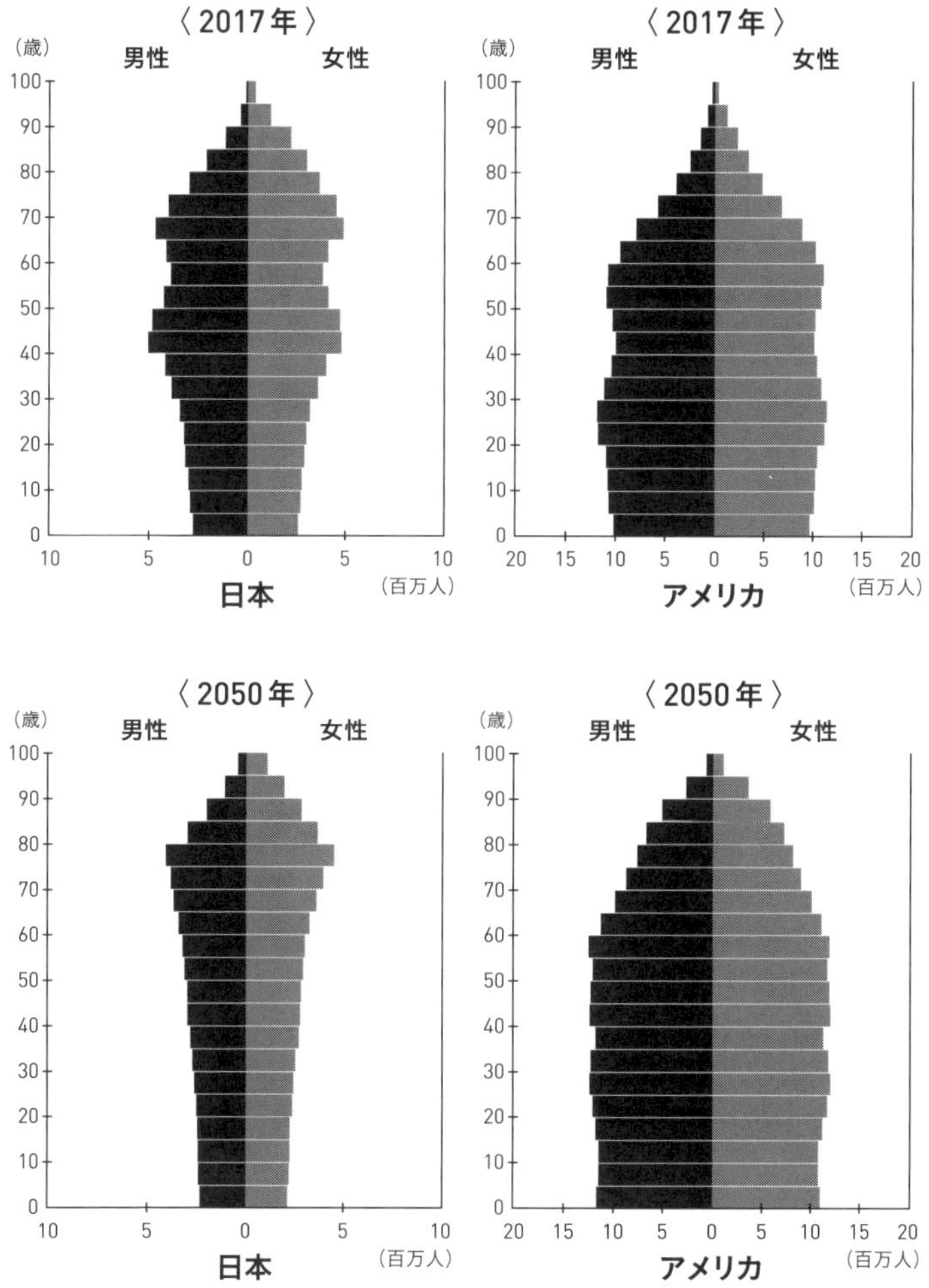

出典：UN

る若者たちが、総人口の２割強にあたる８０００万人近くもいます。

彼らは１９４６～１９６４年に生まれた「ベビーブーマー」世代の子どもたちであり、かつてのベビーブームの反響（エコー）によって生まれたことからその名がつけられたのですが、現在20～30代のエコーブーマーたちは、これから数十年にわたって米国の生産や消費を担っていくことになります。若者がどんどん減り、活力を失いつつある日本から見ると、何ともうらやましい話ではないでしょうか。

人口増加や高い生産年齢人口割合の維持によって、米国は今後も着実に経済成長を遂げていくことが見込まれます。

日本の名目ＧＤＰは過去20年余り、年間およそ５兆ドル前後で横ばいの状態が続いていますが、米国は１９９０年の約６兆ドルから２０１６年には約18兆ドルと３倍に拡大しています。〝バブル崩壊〟の直前に１・２倍ほどしかなかった日米の名目ＧＤＰの差は、いまでは約３・６倍まで開いています（【図１‐７】参照）。

しかもこの先、日米の経済規模の差はますます大きくなっていくでしょう。なぜなら、日本は人口減少などの影響によって経済の潜在成長率が１％足らずまで落ち込んでいるのに対し、米国は２％前後の潜在成長率を保っているからです。

また、米国の経済成長率の高さは先進国の中でもトップクラスですが、これは人口増加だけが原動力ではなく、国内に豊富なシェールガスやシェールオイルといった資源があることも大きな力となっています。自国内で大量のエネルギーを安価にまかなえるので、ほかの国よりも効率よく富を稼ぐことができるのです。

ちなみに、かつては世界最大の石油産出国と言えばサウジアラビアでしたが、シェールオイルの採掘が本格化した今日においては、米国が世界一に君臨しています。

私は、人口が増え続けていることと、豊富なエネルギー資源を保有していることの2点が、米国に長期的かつ力強い経済成長

【図1-7】名目GDPの日米比較

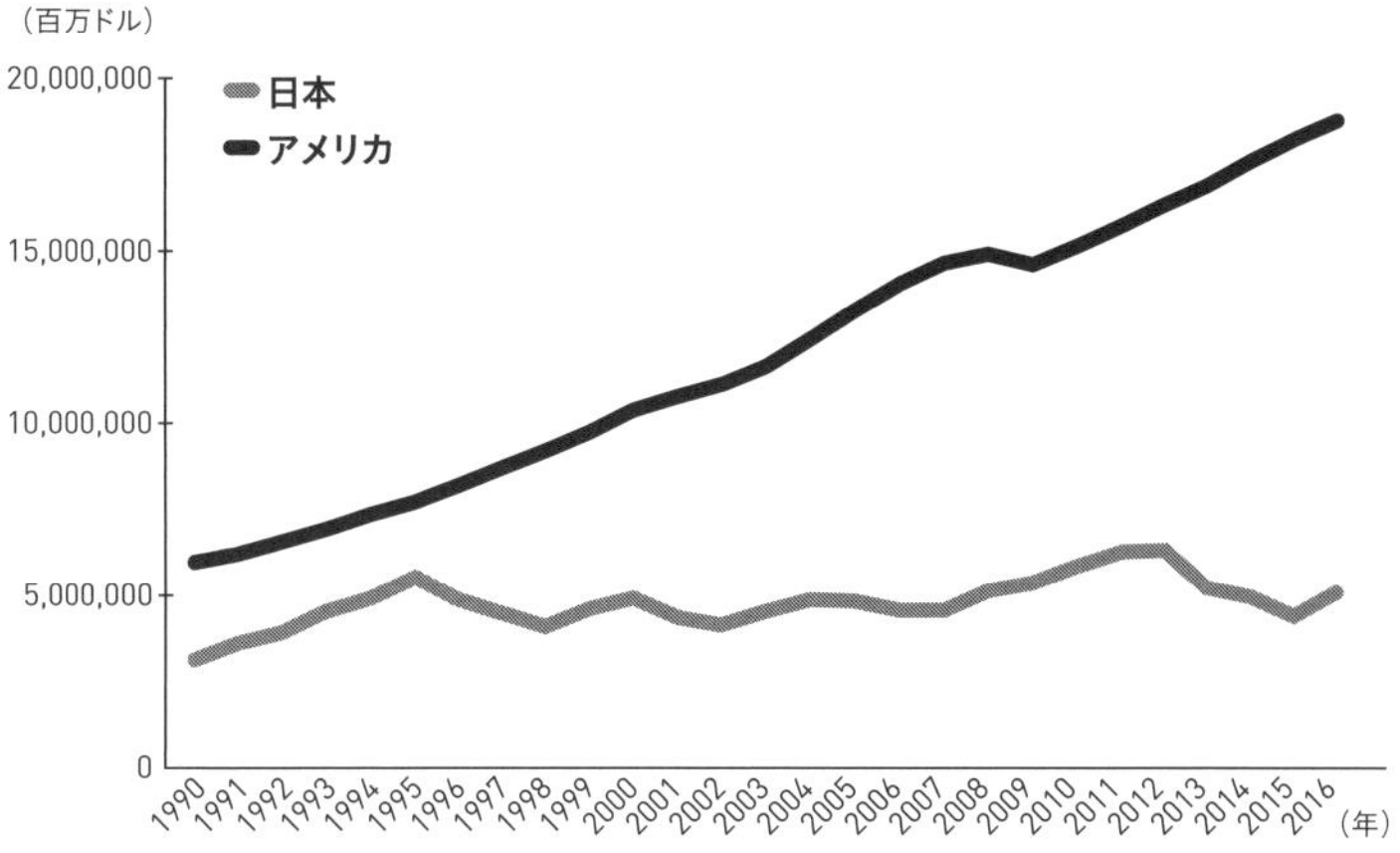

出典：IMF

をもたらすと確信しています。

経済が力強さを持っているということは、その国の通貨の安定にも結びつきます。米ドルは世界最強の通貨ですが、その強さと安定性が失われることは考えにくいでしょう。先ほど、海外不動産投資の大きなリスクのひとつとして、為替変動リスクを挙げましたが、米ドルによる取引であれば、為替が急落して資産価値が大きく目減りするという危険は、ほかの通貨と比べても非常に小さいと言えるでしょう。

その意味でも、海外不動産投資をこれから始める人が選ぶ投資先として、米国ほどふさわしい国はないと思います。

米国の中でも、なぜテキサスなのか？

米国の不動産市況は都市によっても大きく異なる

ところで、ひと口に米国と言っても、政治や経済、文化などは地域によって大きな差があります。国土面積からして日本の約25倍と広大で、アラスカやハワイを含めて50もの州が存在します。ニューヨークがある東海岸と、ロサンゼルスやサンフランシスコがある西海岸とでは、気候も違えば、主要な産業や経済状況も大きく異なるのが、米国という国なのです。

日本で首都圏や関西圏などに人口集中が進んでいるように、米国にも、人口が密集している都市とそうでない都市があります。

人口が増えている都市では、住宅需要の高まりとともに不動産価格が上昇している半面、そうでない都市ではさほど大きく値上がりしてはいません。ですから、国内で不動産投資をするのと同じように、米国の不動産投資でも「どの州や都市を投資先に選ぶか」というエリア選定は、非常に重要なポイントとなります。

結論を先に言えば、私が米国不動産投資の大本命だと思っているのは、ニューヨークやロサンゼルスといった誰もがよく知っている大都会ではなく、日本人には比較的なじみが薄いテキサス州です。

理由は、人気のある米国の大都会は、すでに不動産価格が高くなりすぎていて、十分なキャピタルゲインやインカムゲインを期待できる状況にはないからです。

米国の不動産市場と言えば、2008年9月に発生したリーマンショックによる不動産価格の大暴落を誰もが思い起こすのではないでしょうか。このショックの影響によって米国の不動産取引は一気に冷え込み、不動産相場も2007年のピークから2012年までの5年間で2割近くも下落しました（【図1-8】参照）。

しかし、下落相場も2012年ごろには底を打ち、その後、2016年までの4年間は右肩上がりで急回復しています。FRB（米連邦準備制度理事会）による大胆な金融緩和によって、不動産市場に大量の資金が流れ込み、不動産価格を押し上げたのです。

市況回復後の不動産価格は、米国民に人気の高い都市ほど大きく値上がりました。たとえばカリフォルニア州のサンフランシスコは、リーマンショックの前年にあたる２００７年の住宅の中間価格（最高値から最安値まで並べたときの中間値）は米国全体の４倍程度でしたが、現在では６倍を超えるまでになっています。

一方で、「ラストベルト」（さびついた工業地帯）の中心地のひとつであるミシガン州のデトロイトは、自動車産業の衰退で都市の活力が失われたことによって、リーマ

【図1-8】米国の不動産価格の推移

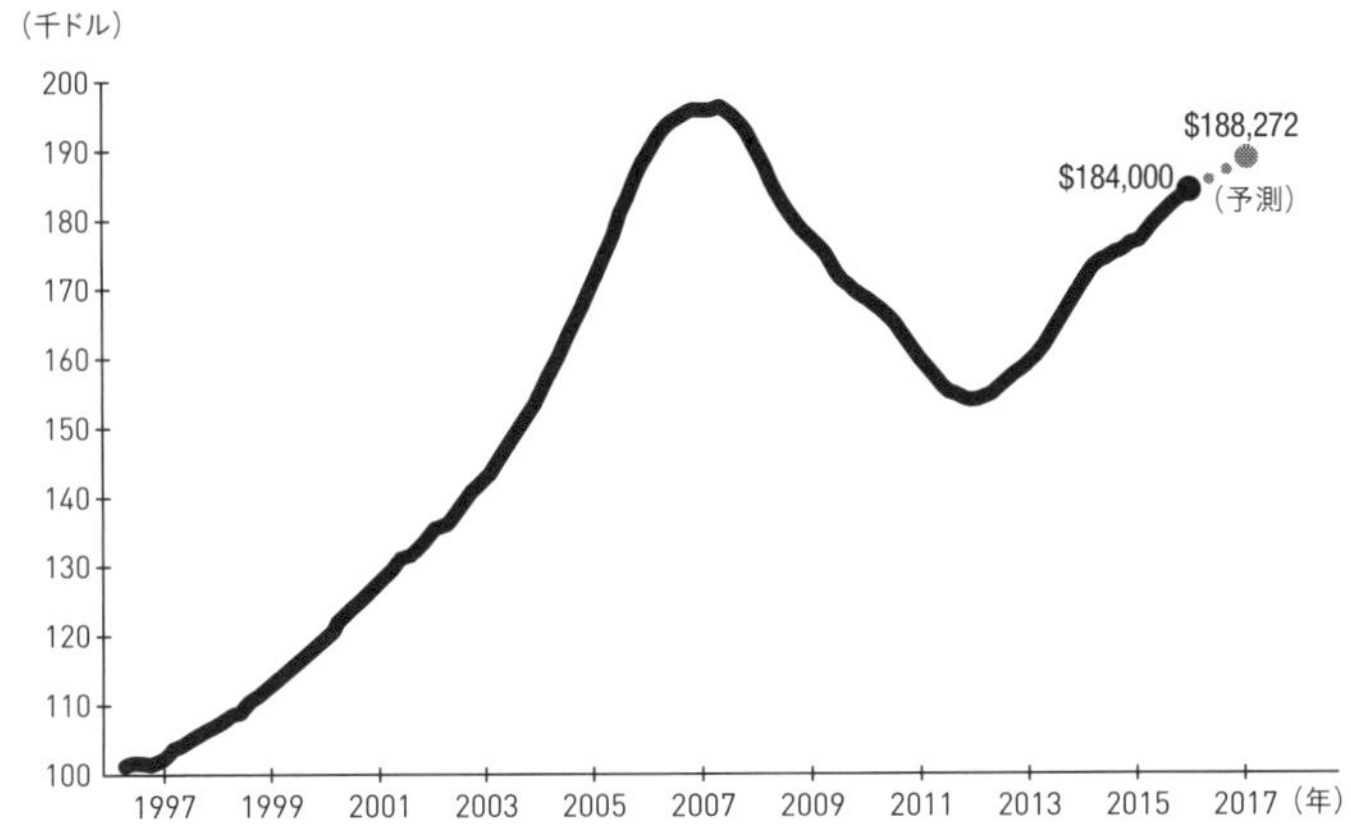

出典：U.S. Zillow Home Value Index

ンショックから9年が経過したいまもなお、住宅価格の低迷が続いています。

まさに光と影といったところですが、不動産投資経験のある人なら、どちらも投資先としては、あまり魅力的でないことがわかるのではないでしょうか。

デトロイトのように地元経済が冷え込んでいる都市は、職を求めて流入する人が少ないので不動産価格や家賃がほとんど上がりません。一方、サンフランシスコのように人気の都市は、不動産価格が高くなりすぎているので簡単には手が出せず、たとえ買ったとしても、その後、さらに価格が上がるかどうかは難しい判断です。

不動産投資に限らず、あらゆる投資において、「将来値上がりしそうな投資対象を、なるべく安いときに買う」ことは、リターンを最大化するための鉄則です。

米国で不動産投資を行う場合も、①これから大きく成長しそうなエリアであること、②まだ不動産価格がそれほど上がっていないところ、という2つのポイントに沿って投資先を選定することが重要だと言えます。

では、テキサス州の不動産市況はどのような状況なのでしょうか？

【図1‐9】は、州で3番目に人口が多く、北部の中心都市であるダラスの住宅価格と、全米平均の住宅価格の推移を比較したものです。これを見ると、２０００年以降のダラスの住宅価格は、全米平均を下回っているものの、緩やかに上昇を続けていることがわかります。

この図で注目してほしいのは、全米平均の住宅価格がリーマンショックなどの影響で２００６〜２０１２年にかけて下がり続けたのに対し、ダラスの住宅価格は影響をほとんど受けることなく、上昇トレンドを維持したことです。

これは、ダラスの不動産市場には投資マネーがさほど流入しておらず、主に実需によって価格が上昇していることを示す証拠と言えます。

【図1-9】ダラスの住宅価格の推移

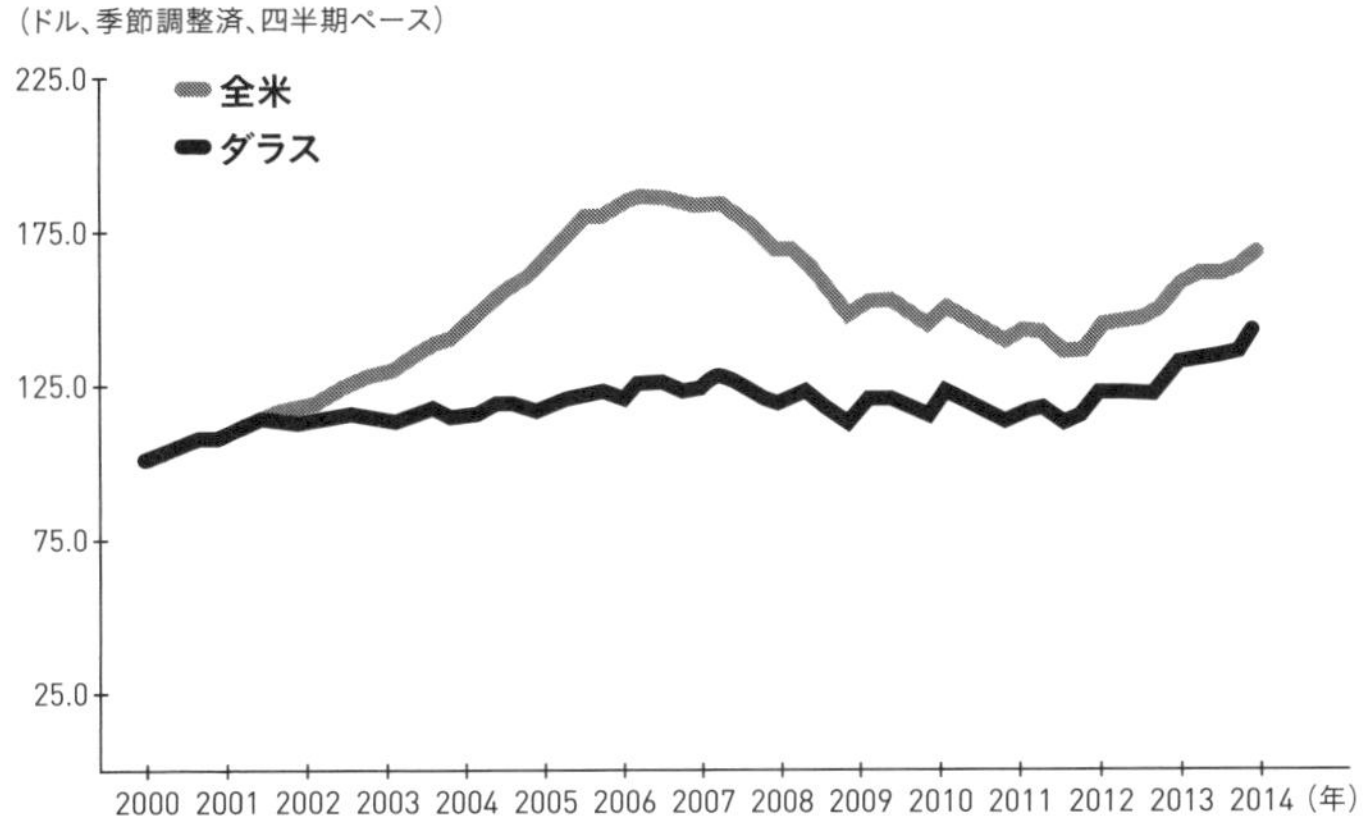

出典：S&P/Case-Shiller Home Price Indices

実需によって支えられている市場であるということは、投資マネーの流入によって不動産価格が大きく上がる期待こそ少ないものの、資金の流れが逆回転して価格が大きく下がるリスクも限定されます。リスクを抑えつつ着実に資産を増やしたいという人には、理想的な投資先と言えるでしょう。

しかも、テキサス州は今後、大きな経済発展が見込まれており、それに伴う人口流入の増加によって、住宅の実需も拡大していくものと予想されています。つまり、今後も不動産価格が安定的に上昇していく可能性が高いのです。

まだ住宅価格が全米平均を下回っているいまのうちに、手に入れておくのは賢い選択と言えるのではないでしょうか。

カナダを上回る経済規模を誇るテキサス州

州の名称は比較的知られているものの、実際のテキサス州がどんなところかを知っている日本人は少ないでしょう。同州の経済面における実力や優位性についても、知らない人がほとんどだと思います。

そこで、簡単にテキサス州のプロフィールを紹介しておきましょう。

51ページの【図1-10】に示したように、テキサス州は米国南部に位置し、アラスカ州に次いで全米で2番目に広い州です。州の面積は日本の1・8倍弱にあたる約67万平方キロメートル。州の南部はリオ・グランデ川を国境としてメキシコに接し、南東部はメキシコ湾に面しています。人口はカリフォルニア州に次いで全米2位の約2696万人（全米人口の8・5％）。主な都市は、人口の多い順に、約224万人が住むヒューストン（全米第4位）、サンアントニオ（約143万人、同第7位）、ダラス（約128万人、同第9位）、オースティン（約91万人、同第11位）、フォートワース（約81万人、同第16位）などです（2014年、米国勢調査局推計）。

全米屈指の面積と人口を擁する州だけに、テキサス州は経済規模も非常に大きく、2014年の名目GDP（州内総生産）は1兆6480億ドル（約186兆円）と全米2位を誇ります。これは、世界10位にランクされるカナダの名目GDPを上回り、たったひとつの州で主要先進国に肩を並べる経済規模を持っていることを意味します。

また、テキサス州の輸出額は、約2880億ドル（約32兆円）と全米1位の規模（20

14年、以下同)。輸出品の約2割は、埋蔵量が米国内最大の石油や石炭といったエネルギー資源ですが、じつはコンピューター・電子機器や機械、輸送用機械(自動車など)の輸出も多く、それぞれの主要輸出品に占めるシェアは1割前後に上ります。意外に思われるかもしれませんが、テキサス州は農業やエネルギー産業だけでなく、製造業も非常に盛んなのです。

コンピューターなどのハイテク関連では、80年以上の歴史を持つ世界的な半導体メーカーであるテキサス・インスツルメンツ、通信関連では米国最大の電話会社であるAT&Tなどがダラスに本社を置いています。

このほかにも「はじめに」で、ダラスの北部が「シリコンプレーリー」、州都のオースティンが「シリコンヒルズ」と呼ばれていることを述べましたが、これらのエリアも含めて、テキサス州には近年、数多くのIT系ベンチャー企業が進出し、スタートアップも次々と登場しています。

IT以外では、ナノテクやバイオ、航空宇宙といった分野でも、テキサス州は米国における最先端地域のひとつです。NASA(米航空宇宙局)の宇宙センターがヒューストンにあることは、日本の皆さんもよくご存じでしょう。このほかにも、全米第2位の面積を

【図1-10】テキサス州の地理

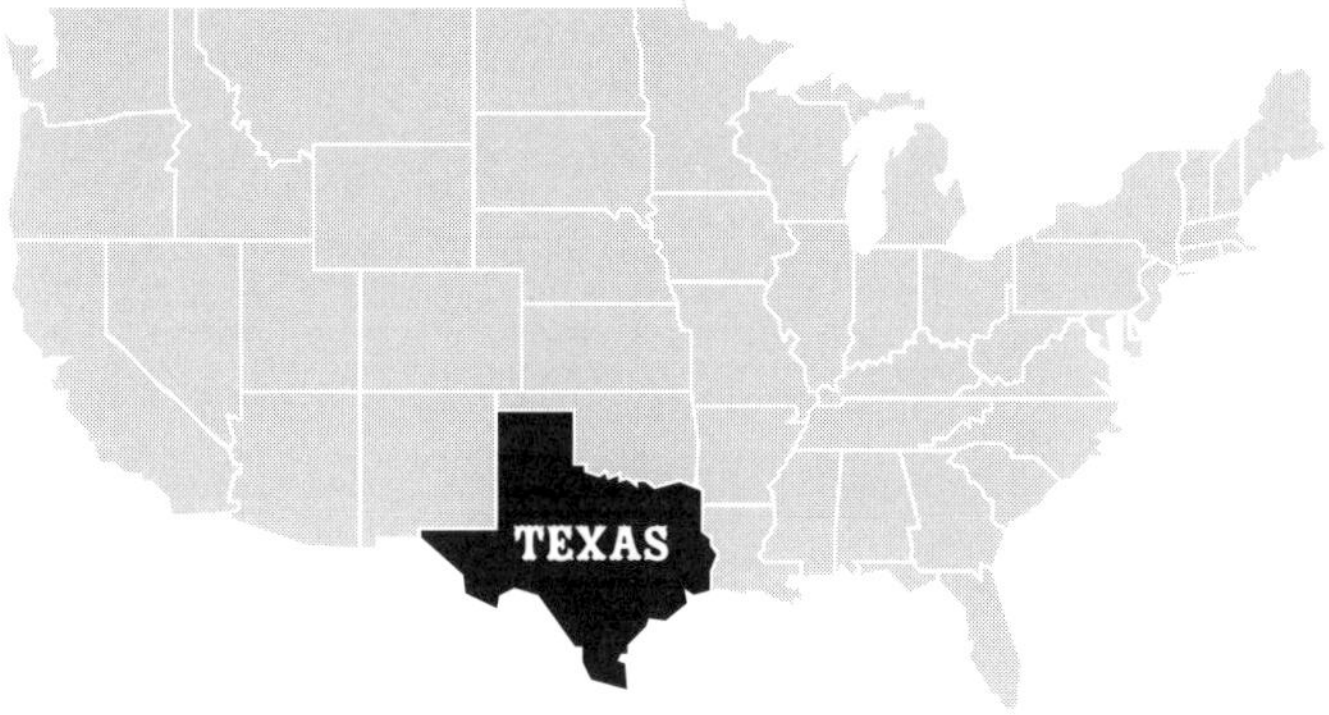

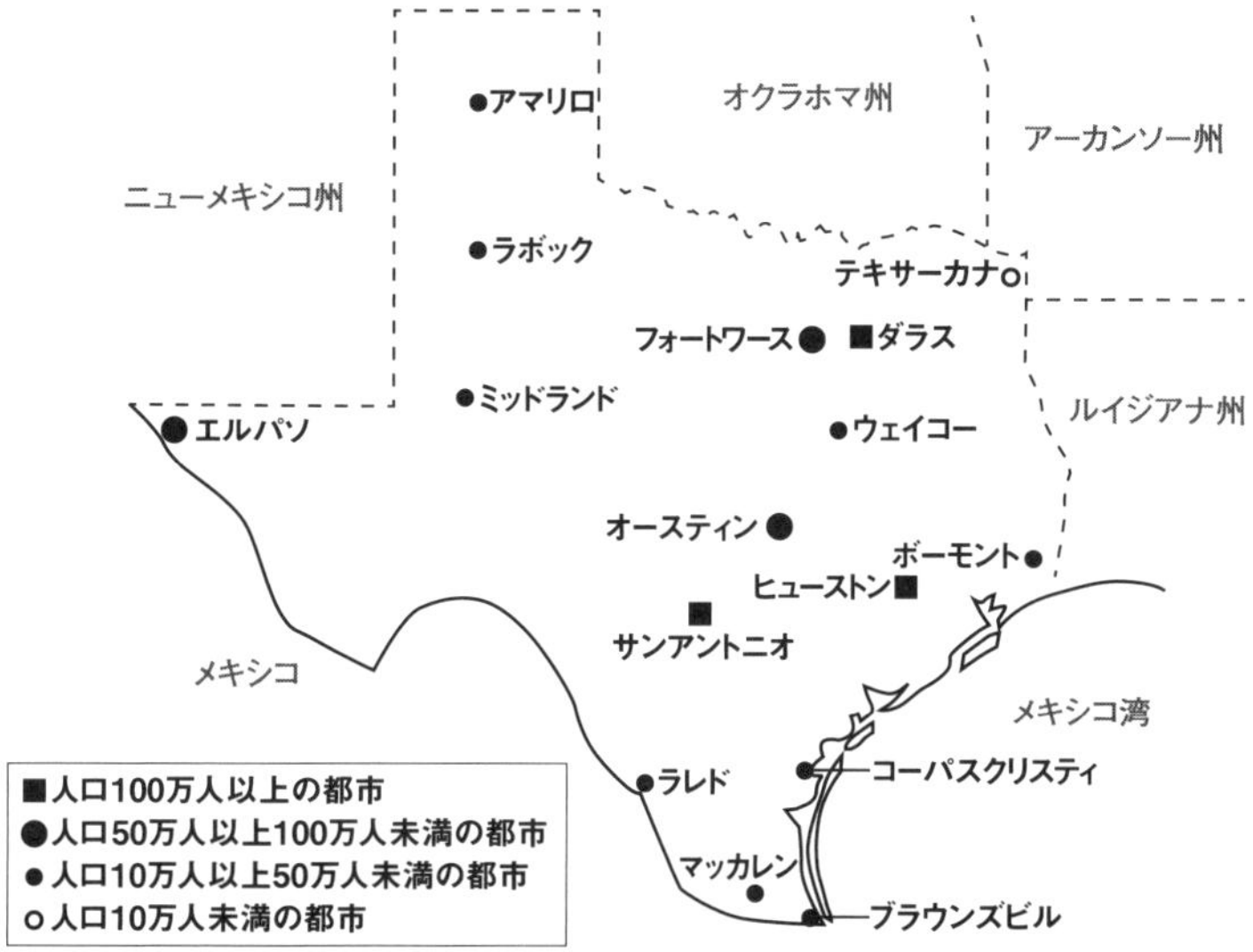

誇るダラス・フォートワース空港の周辺には、ロッキード・マーティンの宇宙工学事業部やベル・ヘリコプター・テキストロンの製造拠点などがありますし、コンチネンタル航空、アメリカン航空、サウスウエスト航空などもテキサス州に本社を置いています。

このように、テキサス州にはさまざまな種類のハイテク産業が集積しています。これらのハイテク分野がテキサス州経済の大きな割合を占め、今後の経済成長を引っ張っていく大きな力となりうることは、ぜひ覚えておいてください。

豊富なシェールガス・シェールオイルが成長を加速させる

そして、さらにもうひとつ、テキサス州にはこれからの州経済をますます発展させていく大きな産業が存在します。それはシェールガス・シェールオイル産業です。

ご承知のように、米国は2000年代に入ってから、それまで困難とされてきたシェールガス・シェールオイルの採掘に成功。この10年余りで採掘コストはどんどん下がり、採算化も実現しました。

この〝シェール革命〟は、エネルギーコストの削減や関連産業による雇用創出といった恩恵をもたらし、米国経済が長期にわたって成長するチャンスを広げています。

シェールガス・シェールオイルの産出エリアは、そうした革命の恩恵を直接的に受けることになります。テキサス州は、ノースダコタ州やコロラド州、ペンシルバニア州、カリフォルニア州などと並んで、シェールガス・シェールオイルの埋蔵量が豊富な地域です。地理的にもメキシコ湾に面していることから、輸出をするうえでも絶好の場所と言えるでしょう。

実際、後述するメキシコ湾沿いのリゾート地であるコーパスクリスティには、巨大なシェールガスのＬＮＧ（液化天然ガス）輸出基地が設けられており、早ければ２０１８年にもＬＮＧが海外に輸出される予定です。

国内向けのみならず、海外向けの生産も拡大すれば、雇用機会はますます増えることになります。テキサス州は、ハイテク分野の発展とともに、起業家やエンジニアなどの流入が増え続けている一方で、シェールガス・シェールオイル産業に従事する労働者流入も促し、住宅需要の拡大も大いに期待できます。

多くの若者をテキサスのとりこにしたＳＸＳＷ

米国内だけでなく世界中の起業家たちから〝次のシリコンバレー〟として注目されるテキサス州。だからこそテキサス州には、若い才能がどんどん集まってくるのですが、その呼び水のひとつになっているのが、州都オースティンで毎年3月に開催される『サウス・バイ・サウスウエスト』（以下、ＳＸＳＷ）という大規模なコンベンションです。

そもそもＳＸＳＷは、３人のインディーズ音楽関係者が、どうしたら自分たちの音楽がもっと売れるようになるだろうかというテーマで１９８７年にオースティンで始めた小さな音楽祭でした。それがいまでは、音楽祭、映画祭、新しい事業アイデアや創造的なテクノロジーを持つ新興企業のプレゼンテーション大会が複合し、毎年10日間の会期中に世界中から20万人以上が訪れるほどの巨大イベントとなっています。

実際に参加してみないとなかなか実感できないと思いますが、ＳＸＳＷの会場に満ちあふれる熱気と興奮は、日本で開催されている夏フェスや大規模コンサートなどの比ではありません。

とくに、新ビジネスやテクノロジーのプレゼンテーション大会では、普通に考えたら「ありえない」と思えるほど斬新なアイデアや技術が次々と発表され、その飛び抜け方がすごければすごいほど、大きな歓声や拍手喝采に包まれます。

じつはこのイベントでは、２００７年にツイッターがサービスのプレゼンテーションを行っており、ブログカテゴリーの賞を受賞しています。これにより、ツイッターが広く認知され、現在のように世界中で利用される大きなきっかけとなったのです。

ツイッターがＳＸＳＷを契機に大ブレークしたことは、世界中の起業家たちにこのイベントの影響度や利用価値の大きさを知らしめることになりました。かくして毎年3月のイベントには、全米のみならず、世界中から自分のアイデアや技術に自信を持った若者たちが押し寄せ、その「ありえなさ」を競い合うようになったのです。

そもそもＳＸＳＷが開催されるオースティンは、テキサス大学オースティン校をはじめとする大規模な大学がいくつもあり、若者が非常に多い街です。人々は自由闊達で、既存の枠にとらわれず斬新なものを受け入れる精神に満ちています。ＳＸＳＷは、そんなオースティンだからこそ生まれたイベントだと言えるでしょう。

ＳＸＳＷに参加するためにオースティンを訪れ、その自由な雰囲気に魅了された若者の中には、「ここで起業してみたい」と思う人も多いようです。これが、オースティンが近年「シリコンヒルズ」として発展を遂げている理由のひとつなのでしょう。

このほかにも、テキサス州には、全米の若者たちを引きつける新しい動きがあります。いまやウォルマートを抜き、株式時価総額で世界最大の小売り企業となったアマゾンが、州内に7つの巨大な物流拠点を立ち上げたのです。

なかでも、ダラス・フォートワース空港の近くに設けた物流拠点の周辺には、労働者向けに数万戸規模の巨大な住宅街を建設するなど、労働力を確保するために積極的な投資を行っています。

アマゾンは、年間発着便数が全米3位のダラス・フォートワース空港を航空貨物輸送の重要なハブと位置づけていること、若い労働力が確保しやすく、大規模な貨物処理に適していることなどから、テキサス州に物流拠点を集中させたのでしょう。

こうした動きも、若い人材がテキサス州に集まり、住宅需要を拡大させる力になるのではないかと、私はみています。

トヨタの北米本社移転で、テキサスの将来性を確信

じつは、かく言う私も、テキサス州が不動産投資に関してこれほど魅力に満ちた場所であるということは、数年前まではまったく気づいていませんでした。その魅力を確信したのは、２０１４年のことです。

この年の4月、私はトヨタ自動車がカリフォルニア州、ケンタッキー州、ニューヨーク州などに点在していた北米拠点を集約し、テキサス州プレイノ市に新たな北米本社を設けるというニュースを知りました。そして、このニュースに興味を持って、久しぶりにテキサス州を訪ねてみることにしたのです。

私は１９７６年に米国に渡り、カリフォルニア州で保険・証券・不動産のライセンスブローカーやファイナンシャルアドバイザーとしてキャリアを積んだ後、２００２年にロサンゼルス郊外のトーランスに不動産の仲介会社を設立。日本の個人投資家や富裕層の方々に、米国不動産の販売・仲介・管理サービスを提供してきました。

取り扱っていたのは主にカリフォルニア州の物件で、同じ米国内でも１０００キロ以上

離れたテキサス州の不動産はまったくの専門外でした。現地駐在や留学中の住まいといった実需のご相談は多少ありましたが、投資目的でテキサス州の不動産を取得したいというご相談はほとんどなかったからです。

しかし、実際にテキサス州の主要都市を回ってみて、「これはすごいことになりそうだ」と、私は直感しました。

若く、優秀な人材たちで活気にあふれる「シリコンヒルズ」の様子は、私が40年以上前に見た初期のシリコンバレーを思い起こさせ、また巨大なシェールガス輸出基地を建設中のコーパスクリスティは、大勢の若い労働者たちでにぎわっています。これほど経済が活気づいている州は全米を回ってもそう多くありませんし、ハイテク産業が伸びていること、シェールガス・シェールオイル産業によってさらなる成長が期待できることなど、知れば知るほどテキサス州の魅力を強く感じました。

何より、私に将来を確信させたのは、トヨタ自動車が新北米本社の場所としてテキサス州を選んだという事実です。

トヨタ自動車の豊田章男社長は、50年後、100年後の北米自動車市場のことまで見据えて、新たな北米本社の場所を決めたと聞きます。つまり、あのトヨタがテキサス州は50年後、100年後も米国における経済や産業の要として発展し続けると確信しているのです。

私はすぐさまテキサス州の魅力を日本のお客さまにもお伝えし、テキサスの不動産を提供するサービスに取り組むことを決断しました。その後、2014年から2017年までに当社が日本のお客さまに販売したテキサス州の賃貸住宅は、合わせて2000戸以上に上ります。

米国初の高速鉄道計画が進行中、日本企業の進出も盛んに

トヨタ自動車の新北米本社は2017年7月、計画どおりテキサス州プレイノ市への移転を完了しました。これによって、テキサス州における日本企業の存在感は大きく高まることになるでしょう。

さらにもうひとつ、テキサス州では日本に関係する大きな話題があります。それは、JR東海が新幹線技術を供与し、ダラス〜ヒューストン間を結ぶ高速鉄道計画です。まだ計

画段階ではありますが、これが実現すれば米国初の高速鉄道が開通し、クルマで約4時間かかるダラス〜ヒューストン間が約90分で結ばれることになります。

ダラス〜ヒューストン間は飛行機なら約1時間ですが、搭乗手続きやセキュリティチェックがいらず、すぐに乗り降りできる鉄道のほうが便利ですし、何より移動しながらでも仕事をしやすいのが高速鉄道の魅力です。利便性に対する評判が広がれば、テキサス州以外でも高速鉄道を導入しようとする動きが広がるかもしれません。

何より、ダラスとヒューストンという2つの都市が高速鉄道で結ばれれば、沿線の経済圏が大きく広がり、テキサス経済の成長力をさらに底上げする効果も期待できます。まだ初期構想段階ですが、ダラスからオースティン経由でサンアントニオまでを結ぶ高速鉄道の計画もあるようです。

このほか、テキサス州には近年、シェールガス・シェールオイルの開発・生産にかかわるエネルギー企業、石油化学品を生産する化学メーカーをはじめ、多数の日系企業が進出しています。

これに伴って在留邦人の数も増えており、在ヒューストン日本国総領事館によると、テキサス州の在留邦人は２０１１年の７１３６人から、２０１５年には９０９７人となっています。

高速鉄道以外にも交通インフラの整備が進む

計画中のダラス～ヒューストン間の高速鉄道は、早ければ２０２２年にも開業する見通しです。これが完成すれば、日本企業のテキサス州への進出はますます加速するかもしれません。なぜなら、日本からはすでにアメリカン航空と日本航空がダラス便、ユナイテッド航空と全日空がヒューストン便を運航しており、この２つの都市が高速鉄道で結ばれることでアクセスが格段によくなるからです。

またテキサス州では、この高速鉄道だけでなく、さらに未来的な交通インフラの計画も進行中です。それは、テスラモーターズの会長兼ＣＥＯであるイーロン・マスク氏が進める「ハイパーループ計画」です。

減圧したチューブの中で音速列車を走らせるというこの計画はまだ研究段階ですが、プロジェクトの運営団体は、将来の路線候補のひとつとして、ダラス・フォートワース～オースティン～サンアントニオ～ヒューストンを結ぶルートを検討していると発表しました。実現すれば、テキサス経済のさらなる発展を促すかもしれません。

テキサスの中でも、どんな都市が有望か？

都市ごとに異なる魅力やポテンシャル

ここまで、テキサス州の魅力について見てきましたが、州内にはいくつもの都市があります。そこで、どの都市が不動産投資に向いているのか、いないのかという視点で、それぞれ都市の魅力やポテンシャルを探ってみることにしましょう。

ダラス

テキサス州の北東部に位置する大都市です。人口は約128万人（2014年、以下同）で州内第3位（全米第9位）。フォートワースやアーリントンなど、周辺の都市を含めたダラス・フォートワース都市圏としての人口は500万人を超え、州内で最大の人口規模を誇ります。

ちなみに、トヨタ自動車の新北米本社が移転したプレイノ市はダラスの北郊にあり、ダラス・フォートワース都市圏に含まれています。

ダラスはエルム川とウェスト川という2つの川の合流地帯に位置し、周辺で栽培される綿花の集散地として発展しました。現在でも、米国南部の交通の要衝としての重要な役割を果たしています。

20世紀に入ってテキサス州東部に油田が発見されると、ダラスは石油ビジネスで潤うようになりました。現在もダラスには、エクソンモービルやエナジー・トランスファー・エクイティ、ホーリー・フロンティアといったフォーチュン500企業（米国の売上高上位500社）の上位にランクされるエネルギー会社が本社を構えています。

また、ダラス北部には「シリコンプレーリー」と呼ばれるハイテク産業エリアがあり、近年、数多くのベンチャー企業やスタートアップが集積しています。

サンアントニオ

テキサス州西部における商業、工業、金融業の中心地で、最近はシェールガスのゲートウェイとも呼ばれるテキサス州第2の都市です。

市内には、いまでも西部開拓時代の雰囲気が漂い、テキサス独立戦争の戦跡であるアラモ砦など、歴史的遺産も数多く残っています。

サンアントニオでは、人口約１４３万人のうちの6割近くをヒスパニック系住民が占めており、スペイン語の看板や道路案内表示をあちこちで見かけます。

不動産投資の観点から見れば、サンアントニオはダラスと並んで資産価値の高い物件が多く、キャピタルゲインとインカムゲインをバランスよく追求したい人には狙い目と言えそうです。

オースティン

テキサス州の中央部から東寄りに位置する、州都です。人口は州内第4位（全米第11位）の約91万人とやや少なめですが、約5万5０００人の学生を擁するテキサス大学オースティン校があり、文化と教養の薫りが漂います。

オースティンは「ライブミュージックの都」としても知られ、1人あたりのライブミュージック会場数はナッシュビル、メンフィス、ロサンゼルス、ニューヨークよりも多いといわれています。そうした音楽好きの街であるからこそ、ＳＸＳＷのようなイベントも生まれたのでしょう。

また、オースティンは共和党が強いテキサス州においては珍しく、民主党の強い土地柄です。リベラルで独立心の高い住民が多く、街は自由なムードにあふれています。そうした雰囲気を求めてオースティンにやって来る若者たちは後を絶たず、それを寛容に受け入れる懐の広さを持っていることも、この街の魅力と言えそうです。

すでに述べたようにオースティンは別名「シリコンヒルズ」と呼ばれ、ＨＰ（ヒューレット・パッカード）やサムスンなどが拠点を構えています。

オースティンの自由な雰囲気に魅了されて、シリコンヒルズに若い起業家たちがどんどん集まれば、この街の未来はますます明るくなるはずです。

不動産投資の視点では地価が高いのがやや難点ですが、オースティンは〝次のシリコンバレー〟として今後ますます発展する見込みがあるので、長期投資をすれば十分なキャピタルゲインやインカムゲインが期待できそうです。

コーパスクリスティ

テキサス州の南東部に位置するメキシコ湾に面した港湾都市です。人口は約32万人と少なく、都会というよりは、海辺のリゾート都市といった雰囲気の街です。

海岸に面した街には、リゾートホテルやマンションが立ち並び、テキサス州内からだけでなく、全米や海外からも観光客やリゾート客が訪れます。ヒューストンから直線で30キロと比較的近いことも、リゾート客に好まれているようです。

コーパスクリスティには、港湾のほかに米海軍の基地があり、近年はシェールガス・シェールオイルの積み出し港としても脚光を浴びています。

先ほども述べたように、コーパスクリスティでは目下、年産能力2250万トン規模の巨大なLNG（液化天然ガス）基地が建設されており、ここで液化されたシェールガスは、いずれ日本にも輸出される予定です。

カレッジステーション

ダラスとヒューストンのほぼ中間に位置するテキサス州中央東部の街。名前のとおり、テキサスA&M大学という学校を中心に発展した学園都市です。

テキサスA&M大学は1876年に創立されたテキサス州最古の大学であり、A&M

（Agricultural & Mechanical）という名称のとおり、農業・工学を中心とする実学系の学部がそろっています。現在、約5万人の学生が在籍しており、テキサス州では最大、全米でも3番目の規模を誇ります。

不動産投資の観点から見ると、カレッジステーションは安定的なキャピタルゲインやインカムゲインが期待できる街だと言えます。なぜなら人口は12万人と少なく、そのほとんどが学生や学校関係者なので、実需の割合が非常に高いからです。

実際、リーマンショック発生後も、カレッジステーションの不動産価格や家賃相場はそれほど大きく下がりませんでした。堅実に収益を確保したい人には理想的な投資先と言えるかもしれません。

高収益を狙うならダラス、オースティン、コーパスクリスティが有望か

以上、テキサス州の主な都市の特徴や、不動産投資の観点から見たポテンシャルについて簡単に紹介しました。

いずれも魅力的な都市ばかりですが、なかでも不動産投資で高収益が期待できるのは、ダラス、オースティンとコーパスクリスティではないかと私はみています。

とくにダラスは、隣接するプレイノ市にトヨタ自動車の北米本社が移転したことで、今後自動車産業の集積が進む可能性があります。

それによって全米や海外から労働者の流入が拡大し、不動産需要がますます高まる期待が大きいのです。

もともとダラスは、米国の貿易・物流の拠点であるダラス・フォートワース空港やインターナショナル・インランド・ポート・オブ・ダラス（ＩＩＰＯＤ）があることから製造業の進出が盛んな都市ですが、トヨタの進出によって、その動きにますます拍車が掛かることは間違いありません。

また「シリコンヒルズ」と呼ばれるオースティンには、今後さらに多くの若い起業家が集まり、〝次のシリコンバレー〟として大きく発展する可能性があります。

優秀な人材を数多く輩出するテキサス大学オースティン校があること、全米や世界の若者たちをとりこにするＳＸＳＷが毎年開催されていること、リベラル色が強く、街全体が自由闊達な雰囲気に包まれていることなど、さまざまな魅力が若い才能を呼び寄せ、街を大きく発展させる力に結びつくはずだと私はみています。

将来、高速鉄道やハイパーループでダラス、ヒューストンなどの都市と直結すれば、オースティンへのアクセスはより便利になり、人口流入がさらに拡大する可能性もあります。

一方、コーパスクリスティは、シェールガス・シェールオイルの輸出基地として発展することによって、今後ますます多くの若い労働者たちが集まるはずです。

現在も、ＬＮＧ基地建設のために多くの若者が働いていますが、基地が本稼働して生産が開始されれば、より多くの労働者たちが、仕事を求めてやって来ることが期待されます。それによって住宅需要もさらに高まり、不動産価格や家賃相場が上がっていくことでしょう。

コーパスクリスティの魅力は、ほかのテキサス州内の都市に比べてまだ不動産価格が安いことです。物件を長期で持ち続ければ、より大きなキャピタルゲインを狙えるかもしれません。

米国人たちはテキサスをどのように見ているのか？

ところで、テキサス州はどのような成り立ちを持つエリアなのでしょうか。ここでは、テキサス州の歴史を簡単に紹介しましょう。

現在のテキサス州が位置するのは、コロンブスによる15世紀の新大陸発見後、スペインの植民地となった地域です。19世紀に入ってメキシコに支配されたのち、1836年にテキサス共和国として独立。その後、1845年に米国に併合されました。

メキシコからの独立戦争では、200人にも満たないテキサス軍がサンアントニオにあるアラモの砦に立てこもり、総勢5000人のメキシコ軍を相手に激戦を繰り広げました。砦は陥落してしまうのですが、結果的にこの「アラモの戦い」がテキサス軍を奮い立たせ、続く「サンジャシントの戦い」での勝利から、独立への道を開くことになります。

米国への併合によって、テキサスは28番目の州となりました。テキサス州の愛称として知られ、州旗にもなっている「ローンスター」は、「われわれは唯一の存在である」というテキサスの人々の矜持を表しているのです。ちなみにほかの州では、米国国旗と州旗を掲揚する際には、州旗をやや低く掲げるのが習わしですが、テキサス州では同じ高さに掲げます。このあたりにも、テキサスの人々の州に対する自信と誇りが感じられます。

そうした歴史的背景もあってか、リベラル色が強い東海岸やカリフォルニアなどの州とは異なり、テキサス州は伝統的に保守的な土地柄です。

そのため組合組織はさほど強くなく、賃金が比較的安いことなどもあって、テキサス州には国内外から数多くの製造業が進出しています。テキサス州が全米屈指の製造業の州として発展したのには、そうした背景もあるのでしょう。

また近年では、本編でも述べたようにダラスやオースティンが〝次のシリコンバレー〟として注目されるなど、保守的と見られてきたテキサス州に対する米国人のイメージは変わりつつあります。とくに、歴史や文化に対する偏見の少ない若者ほど、SXSWなどの先端的なイベントが開催され、ハイテク産業がどんどん発展しているテキサスを「意外とクールな州だ」と感じているようです。

「ローンスター」の愛称で親しまれているテキサス共和国（1836～1845年）の国旗。米国への併合後も、そのまま州旗として用いられている

第2章

テキサス不動産投資で期待できる利益と想定されるリスク

テキサスの有望性をデータで確認する

人口増加率は全米トップクラス、教育水準も高い

第1章では、不動産投資先としてのテキサス州の魅力を詳しく見てきました。本章ではそれを受けて、実際にテキサス州での不動産投資でどれだけの収益が期待できるのか、また現在（2018年3月時点）の税制面ではどのようなメリットがあるのかといったことについて解説したいと思います。

繰り返し述べるように、米国やテキサス州における不動産投資にも、相応のリスクはあります。そこで、空室リスクや家賃下落リスクなど、想定されるリスクの種類と対処方法についても詳しく説明します。

その前に、テキサス州の有望性や、同州の不動産市場の現況などについて、さまざまなデータを用いて確認しておきましょう。

まずは、テキサス州の人口増加率です。

不動産投資先を選ぶうえでは、その地域の人口が増え続けているかどうかを見ることが重要なポイントです。第1章でも説明したように、米国は国全体の人口が増加傾向にありますが、なかでもテキサス州は全米トップクラスの人口増加率を誇ります。

2010年から2015年までの5年間で、米国の人口は3・9％増えました。人口がとくに多いカリフォルニア、テキサス、ニューヨーク、フロリダ、イリノイの5州の中で、フロリダの7・54％、カリフォルニアの4・85％に対し、テキサスは8・81％と最も高い伸びを見せています。

これは、自然増よりも、他の州や国・地域からの人口流入による増加の影響が大きいと考えられます。なぜなら、テキサス州ではIT産業やシェールガス・シェールオイル関連のエネルギー産業などの発展とともに、雇用機会がどんどん広がっているからです。

【図2-1-1】と【図2-1-2】は、テキサス州の産業別雇用数と、産業別総生産の推移を示した図です。

そのうえ、テキサス州の失業率は全米平均と比べても低く、リーマンショック以降で最も高かった２０１０年の８％台をピークに、ここ数年の失業率は年々下がり続けています（【図２‐２】参照）。他の州に比べて恵まれた雇用機会が、テキサス州への人口流入を促す大きな要因となっていることは間違いないと思われます。

また、国外からの対テキサス州の直接投資（【図２‐３】参照）を見ても、投資額は安定しており、雇用創出数、企業数も堅調な数値を示していることから、外国企業がテキサス州内に営業拠点や工場を新設する動きも、〝受け皿〟の拡大に貢献していることがわかります。

【図2-1-1】テキサス州の産業別雇用数の推移

	2010年	2011年	2012年	2013年	2014年	2015年	2016年	2017年
非農業	10,340.2	10,603.5	10,876.5	11,240.2	11,592.8	11,869.4	12,028.4	12,307.9
鉱業	206.2	237.4	270.3	288.9	311.1	276.6	222.2	237.3
建設	564.1	563.8	584.8	613.2	651.6	683.7	700.6	716
製造	812.3	841.4	862.8	875.9	887.5	879.1	846.9	869.6
運輸・公益	2,052.2	2,099.4	2,174.5	2,233.8	2,309.7	2,387.6	2,422.8	2,450.2
情報	195.7	195.0	196.8	200.2	201.1	200.7	201.8	193.2
金融	625.4	640.8	659.1	683.6	700.3	718.3	732.6	755.5
専門サービス	1,274.8	1,346.9	1,406.0	1,476.9	1,549.0	1,597.8	1,628.2	1,678.1
教育・保険	1,384.5	1,413.5	1,461.6	1,486.2	1,521.8	1,579.3	1,633.0	1,680.0
娯楽・観光	1,007.9	1,041.4	1,086.5	1,139.8	1,187.9	1,242.1	1,291.7	1,328.0
その他サービス	360.4	370.4	380.8	400.0	412.8	419.8	425.1	441.6
政府部門	1,856.8	1,853.6	1,793.4	1,842.0	1,860.0	1,884.6	1,923.7	1,958.4

出典：U.S.Bureau of Labor Statistics　（単位：千人）

【図2-1-2】テキサス州の産業別総生産の推移

	2013年	2014年	2015年	2016年
州内総生産	1,355,977	1,386,036	1,491,045	1,478,801
農林水産業	7,130	7,701	9,206	9,952
鉱業	180,079	196,467	117,401	165,000
建設業	67,837	70,511	74,079	75,051
製造業	232,245	223,910	231,685	217,676
運輸・公益	44,911	45,034	44,289	44,231
金融・保険・不動産	130,382	142,219	144,926	150,665
専門サービス	15,547	16,209	17,369	16,996
教育・保険	75,553	78,358	83,514	86,558
娯楽・観光	34,696	37,780	40,265	40,327
公益事業	30,789	30,702	32,561	34,219
卸売業	104,548	106,102	115,098	111,867
小売業	78,492	83,149	86,661	88,674
その他サービス	26,451	27,608	28,006	28,333

出典：U.S.Bureau of Economic Analysis　（単位：百万ドル）

【図2-2】テキサス州の失業率の推移

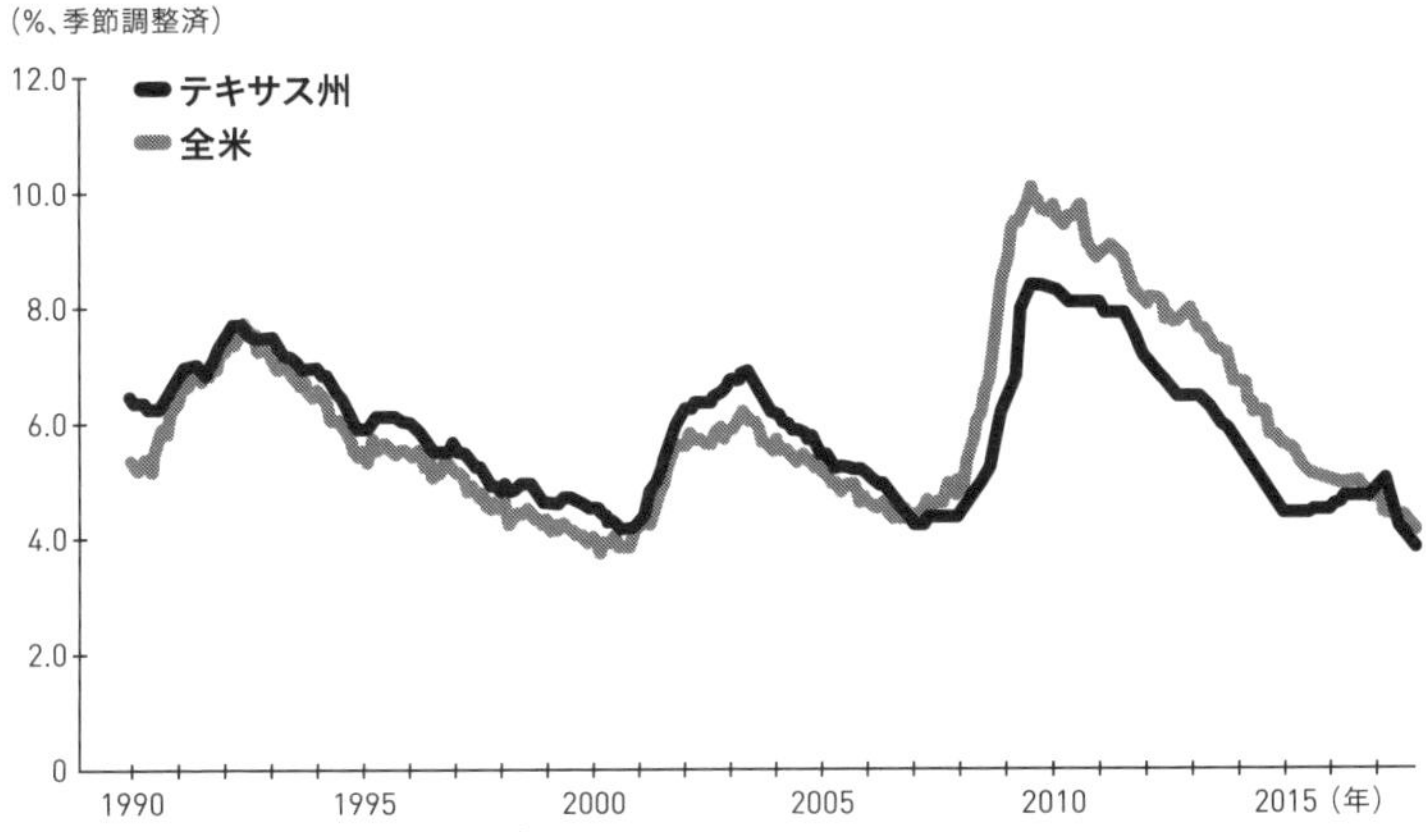

出典：U.S.Bureau of Labor Statistics

実際、テキサス州にはフォーチュン500企業にランクインしている企業が50社もあり（2015年、【図2-4】参照）、優秀な人材を数多く招き入れる〝受け皿〟が整っています。

外国企業によるテキサス州への直接投資が、今後ますます拡大していくことは間違いないでしょう。日本だけに限っても、トヨタ自動車が2017年7月に新北米本社をテキサス州に移転したことは大きな話題となりました。これにより、数多くの日系自動車部品メーカーが周辺に集まってくる可能性もあります。また、日本企業による州内のシェールガス・シェールオイルの権益獲得や、石油化学基地建設などの動きが、

【図2-3】対テキサス州の直接投資

	2011年	2012年	2013年	2014年	2015年
投資額（百万ドル）	5,682.30	11,773.70	8,865.20	4,764.10	8,415.10
雇用創出数（人）	11,952	14,771	17,237	18,863	18,244
企業数（社）	116	120	166	126	156

出典：Texas Economic Development Corporation

【図2-4】テキサス州のフォーチュン500企業（2017年）

都市圏	No	RANKCOMPANYREVENUES（百万ドル）	業種
サンアトニオ・オースティン・その他	1	37Valero Energy$70,166	エネルギー
	2	41Dell Technologies$64,806	ハイテク・製造
	3	102USAA$27,131	その他サービス
	4	117Andeavor$24,005	エネルギー
	5	176Whole Foods Market$15,724	小売・卸売
	6	289Huntsman$9,657	小売・卸売
	7	306CST Brands$9,061	小売・卸売
	8	321GameStop$8,608	小売・卸売
	9	344Anadarko Petroleum$7,869	エネルギー
	10	349Western Refining$7,743	エネルギー
	11	426iHeartMedia$6,274	その他サービス
ダラス・フォートワース	12	4Exxon Mobil$205,004	エネルギー
	13	9AT&T$163,786	運輸・通信
	14	34Phillips 66$72,396	エネルギー
	15	67American Airlines Group$40,180	運輸・通信
	16	79Energy Transfer Equity$37,504	エネルギー
	17	134Tenet Healthcare$21,070	その他サービス
	18	138Southwest Airlines$20,425	運輸・通信
	19	141Plains GP Holdings$20,182	エネルギー
	20	149Fluor$19,037	技術サービス
	21	155Kimberly-Clark$18,202	その他製造
	22	206Texas Instruments$13,370	ハイテク・製造
	23	221J.C. Penney$12,547	小売・卸売
	24	232D.R. Horton$12,157	技術サービス
	25	259Jacobs Engineering Group$10,964	技術サービス
	26	274HollyFrontier$10,536	エネルギー
	27	351Dean Foods$7,710	小売・卸売
	28	378Alliance Data Systems$7,138	その他サービス
	29	399Yum China Holdings$6,752	小売・卸売
	30	416Dr Pepper Snapple Group$6,440	その他製造
	31	421Builders FirstSource$6,367	その他製造
	32	484Celanese$5,389	その他製造
	33	496Michaels Cos.$5,197	小売・卸売
	34	499Vistra Energy$5,164	エネルギー
ヒューストン	35	57Sysco$50,367	小売・卸売
	36	115ConocoPhillips$24,360	エネルギー
	37	122Enterprise Products Partners$23,022	エネルギー
	38	173Halliburton$15,887	エネルギー
	39	201Waste Management$13,609	その他サービス
	40	215Kinder Morgan$13,058	エネルギー
	41	261Group 1 Automotive$10,888	小売・卸売
	42	278Occidental Petroleum$10,398	エネルギー
	43	285Baker Hughes$9,841	エネルギー
	44	355Quanta Services$7,651	技術サービス
	45	356EOG Resources$7,651	エネルギー
	46	362CenterPoint Energy$7,528	エネルギー
	47	375National Oilwell Varco$7,251	エネルギー
	48	400Calpine$6,716	エネルギー
	49	402Targa Resources$6,691	エネルギー
	50	488Apache$5,354	エネルギー

出典：Fortune 500

いままで以上に活発化することも予想されます。それによってテキサス州の雇用者数がさらに増えれば、住宅需要もますます拡大するはずです。

さらにもうひとつ、テキサス州にはその有望性を示す重要なデータがあります。それは、テキサス州民の高校卒業率が88・0％と全米平均（81・4％）よりも高く、全米3位にランクインしていることです。

つまり、テキサス州は米国でもトップクラスの「教育に熱心な州」であり、他の州や外国から優れた人材が集まってくるだけでなく、地元にも優秀な人材が多いのです。

教育水準の高い優秀な人材を確保しやすいかどうかは、企業が進出先を決定するうえでとても重要な条件のひとつです。人材に恵まれている場所には多くの企業が進出し、企業が進出すれば、さらに多くの人材が集まるという好循環が生まれやすくなります。テキサス州は、そんな好条件を備えているのです。

ちなみに、教育熱心なテキサス州には、すでに紹介したテキサス州立大学オースティン校やテキサスA&M大学を含め、60校以上もの四年制大学があります。

テキサス州の住宅価格上昇率は全米平均よりも高い

では、テキサス州の不動産市場は、現在どのような状況なのでしょうか。

それを示したのが、【図２‐５】のテキサス州の住宅価格インデックス推移です。

これは、２００７年第１四半期の値を１００として、住宅の平均価格がどれだけ上昇したかを示したものですが、ご覧のとおり、２０１７年第３四半期の全米平均は１１０前後の上昇にとどまっているのに対し、テキサス州の住宅価格インデックスは１５０前後と、この10年間で５割近く上昇したことがわかります。

全米平均の伸び率が低いのは、２００８年９月のリーマンショックによって、全米の住宅価格が大きく落ち込んだことが原因

【図2-5】住宅価格インデックス推移

(2007年第1四半期=100、季節調整済み)

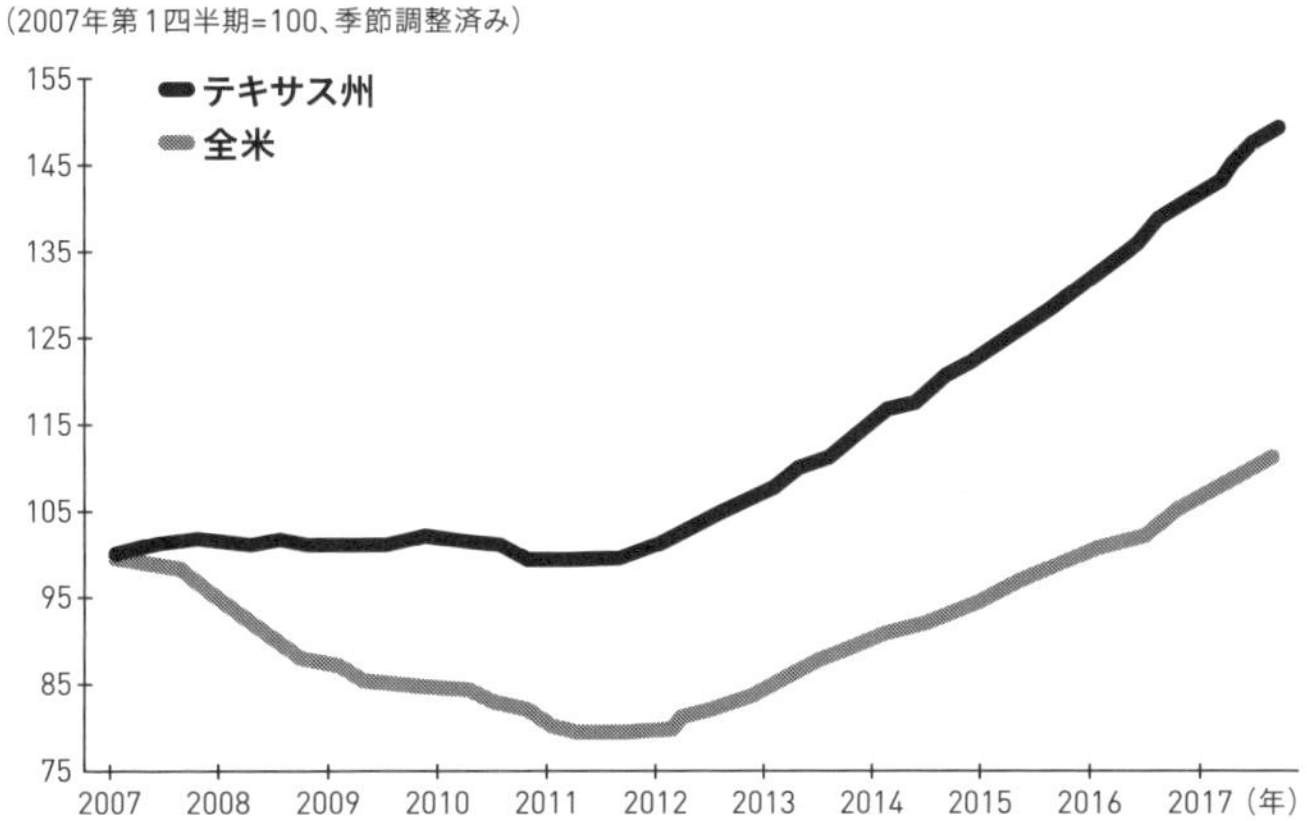

出典：Federal Housing Finance Agency

です。リーマンショックから約3年後の2011年第2四半期にはインデックスが80前後まで落ち込み、約8年後の2016年第1四半期にいたって、ようやく100前後の水準を回復しました。リーマンショックの影響がいかに大きかったかを物語っています。

これに対し、テキサス州の住宅価格は、リーマンショック後もほとんど落ち込むことなく、2012年ごろから上昇ペースが加速していることがわかります。これは、〝シェール革命〟が注目され始めた時期とほぼ一致しており、シェールガス・シェールオイル産業の発展に対する期待に伴って、テキサスに移り住む人々が増え、住宅需要の拡大によって価格が押し上げられたのだと思われます。

実際、同じくテキサスA&M大学不動産センターが発表した2007年1月を100とする住宅販売数インデックス推移（【図2-6】参照）によると、約10年後にあたる2017年9月の全米平均のインデックスは90以下まで落ち込んでいるのに対し、テキサス州のインデックスは105前後と、全米平均を大きく上回っています。

しかも、2011年以降の住宅販売数インデックスの上昇ペースはテキサス州が全米平均を大きく上回っており、需要の勢いに圧倒的な差を感じます。

もちろん、過去の推移が必ずしも将来の伸びを約束するわけではありませんが、繰り返し述べてきたように、シェールガス・シェールオイル産業やIT産業のさらなる発展がテキサス州への人口流入を促せば、住宅需要の拡大とともに不動産価格が今後も上がり続ける期待は大きいと言えそうです。

【図2-6】住宅販売数インデックス推移

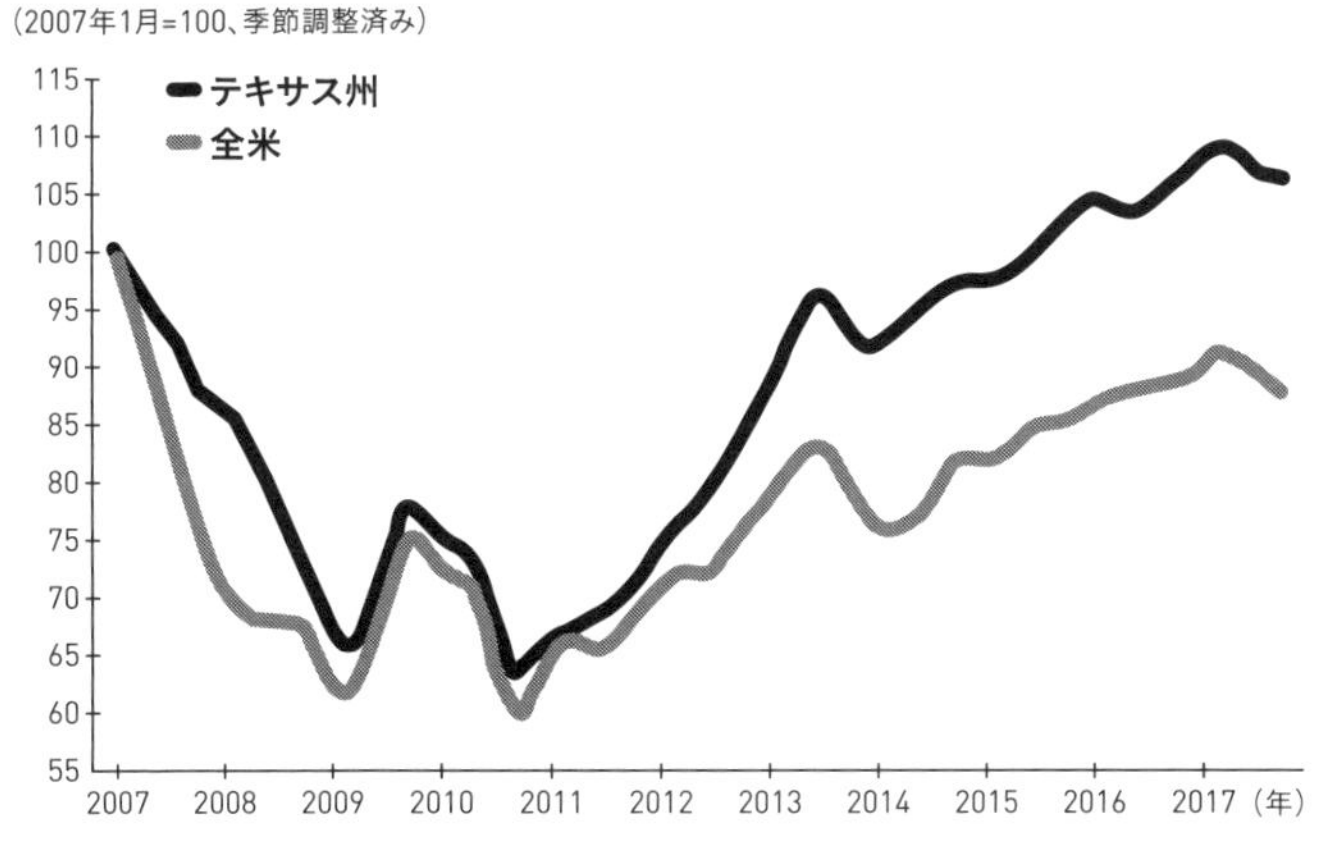

注）Sales for the United States include all existing homes and new single-family homes;new non-single-family homes are not included. Texas includes all existing and new homes.
出典：U.S. Census Bureau, National Association of Realtors, and Real Estate Center at Texas A&M University

テキサスの不動産に投資するメリットとは？

不動産価格の上昇率は高いが、価格水準はまだ低い

ここまで見てきたように、テキサス州の不動産市場は、米国の不動産市場の中でも非常に高いポテンシャルを持っています。テキサス州の不動産に投資するメリットは、すでに十分感じてもらえたのではないかと思いますが、ここで改めて整理しておきましょう。

不動産投資でより大きな利益を得るためのポイントは、突き詰めれば次の2つです。

①将来、価格が上がりそうな物件を安く買う
②安定的かつ継続的な家賃収入が期待できる物件を買う

言うまでもなく、①はキャピタルゲイン（不動産の値上がり益）、②はインカムゲイン（家賃収入）を最大化するためのポイントです。私は、テキサス州ならこの2つを満たしてくれる物件が見つかると確信しています。

その理由の第一は、テキサス州の不動産価格は全米の平均価格に比べるとかなり低めであるということです。

前項で見たように、テキサス州の不動産価格の上昇率は全米平均を上回っている一方で、価格水準そのものはニューヨークやサンフランシスコ、ホノルルといった他の人気都市と比べるとまだまだ安く、全米平均すら下回っているのです。つまりテキサス州の不動産は、安く買って、より大きな値上がり益を狙うというキャピタルゲイン投資のセオリーに非常にマッチしていると言えます。

次にインカムゲインですが、安定的かつ継続的な家賃収入を得るためには、常に入居者が確保しやすく、家賃相場が下がりにくい地域の物件を選ぶのが鉄則です。

その点、テキサス州のように各種産業の発展とともに流入人口が増え続けている地域、なかでも第1章で紹介したダラスのように自動車産業をはじめとする製造業の集積が拡大しそうな都市、オースティンやコーパスクリスティのようにＩＴ産業やシェールガス・シェールオイル産業の発展という明確な成長ストーリーを描き出せる都市であれば、よほどのことがない限り入居者の確保に困ることはなさそうです。

また、経済発展とともに賃金や物価が上昇すれば、家賃相場も少しずつ上がっていく可能性があります。日本では、賃貸住宅の家賃は建物の築年数経過や設備の老朽化とともに下がっていくのが常識ですが、米国ではそんなことはありません。

どんなに築年数が古くても、修理・修繕がしっかりとなされていて、需要に見合った物件であれば、周辺相場に合わせて家賃を上げていくことも可能なのです。

ちなみに、本書の「はじめに」でも書いたように、私の会社が提供しているテキサス州の物件の場合、キャピタルゲインが年４％前後、インカムゲイン（家賃収入から諸経費・税金などを差し引いた実質利回り）が４％前後という高収益物件が豊富にあります。そのような物件を10年間持ち続けた場合、キャピタルゲインとインカムゲインを合わせると投資額と同額の利益が得られる可能性もあります。

1戸1000万円から始められるテキサス不動産投資

物件価格が安いため、比較的少ない投資額で始められるテキサス不動産投資ですが、当社では、より多くの日本のお客さまが手軽に投資できるように、ダラスを中心として1戸あたり7万～10万ドル（約800万～1100万円）という非常に手ごろな価格帯の区分所有コンドミニアムなどを販売しています。

これは、まず当社が1棟もののコンドミニアムを仕入れ、各戸にきちんとリノベーションを施し、入居者を付けたうえで区分販売するというものです。

日本人向けにテキサス州のコンドミニアムを区分販売するサービスを開始したのは、おそらく当社が初めてでしょう。2014年のサービス開始以来、すでに2000戸以上を販売しています。

ちなみに当社では、区分販売するための1棟もの物件を探すところから始まり、仕入れ、リノベーション、入居者付け、販売にいたるまで、すべて自社で行っています。これも良質な物件をリーズナブルな価格で提供できる理由です。

7万～10万ドルという価格帯であれば、日本の中古ワンルームマンションの価格とほとんど変わりませんから、若いサラリーマンの方やすでに仕事を辞めたシニアの方などでも、比較的に手軽に投資できるのではないかと思います。

また、富裕層や法人のお客さまの中には、一度にまとめて複数戸のコンドミニアムを買ったり、毎年少しずつ戸数を増やしたりする方もいます。そうした方々の多くは、投資目的というよりも、節税目的のために購入されているようです。どういうことか、少し詳しくご説明しましょう。

テキサス不動産投資は、節税効果も期待できる

なぜ、テキサス州の不動産を購入すると、富裕層の方々や法人は節税メリットが得られるのか。それを理解するには、まず、日本の税制の基本について知っておく必要があります。

大前提として、それぞれの国の住民が支払うべき税金は、それぞれの国の税法によって決められています。

日本の場合、国民の個人所得については「全世界課税」が基本です。つまり、日本国内はもちろんのこと、海外で得た所得であっても、すべてまとめて日本で申告・納税しなければなりません。

この仕組みにはメリットもあって、仮に海外において所得にマイナスが生じた場合、日本国内でのプラスの所得と合算して計上することができます。じつはこれが、テキサス州で不動産投資をすると、日本での節税が可能となる大きなポイントなのです。

すでに不動産投資をしている人なら、確定申告の際の必要経費のひとつに、建物や設備の「減価償却費」があることはよくご存じだと思います。

簡単に言えば、建物や設備を購入した代金については、一度に経費とするのではなく、一定期間にわたって少しずつ経費として計上するというものです。

日本の税法では、減価償却の期間は、建物の構造と築年数によって決まります。木造住宅であれば、減価償却期間は新築なら22年（法定耐用年数）、築10年のときに取得すれば

14年、築22年を超えると減価償却期間は4年となります（【図2-7】の計算式を参照）。

当然、減価償却期間が短くなればなるほど、1年あたりの減価償却費は多くなります。たとえば、1000万円の建物の費用を10年かけて減価償却すると、1年あたりの減価償却費は100万円前後ですが、4年で償却する場合は1年あたり250万円前後となるわけです。

しかも減価償却費は、「全世界課税」のルールに沿って、日本人が米国など海外で取得した不動産についても日本で申告することができます。

この仕組みを利用すれば、米国で築22年

【図2-7】日本における建物の減価償却の計算方法

資産の種類	見積耐用年数（1年未満端数は切り捨て）
法定耐用年数を経過した資産	法定耐用年数×20％
法定耐用年数の一部を経過した資産	（法定耐用年数－経過年数）＋（経過年数×20％）

●用途・構造別の法定耐用年数

用途	木造	鉄骨造	RC造
事務所	24年	38年	50年
店舗	22年	34年	39年
住宅	22年	34年	47年
病院・診療所	17年	29年	39年

以上の木造の建物を取得し、日本における税申告の際に減価償却費を計上することによって、結果的に取得後4年間の所得税を大幅に抑えられるのです。

とくに、テキサス州の不動産は物件価格に占める建物の価格の割合が高いので、より大きな減価償却費を計上できるのがメリットです。

日本の税法上、購入した土地は資産と見なされるため、土地の購入費用は減価償却の対象にはなりません。しかし、日本の場合、とくに都市部においては物件価格に占める土地と建物の割合では、土地のほうが圧倒的に高い傾向にあります。つまり、不動産の購入費用のうち、減価償却できる割合が小さいわけです。

一方、米国では建物の割合のほうが高いのが一般的です。さすがにニューヨークやサンフランシスコといった大都会では土地と建物の割合が5：5程度ですが、テキサス州であれば、土地が2、建物が8といったように、圧倒的に建物の割合が高くなります。そのぶん、減価償却できる額も大きくなるわけです。

たとえばテキサス州で1000万円の区分所有コンドミニアムを10戸購入した場合、合計金額は1億円ですが、このうち建物の割合が80%だとすれば、減価償却できる金額は8000万円になります。

しかも、仮にその建物が築22年以上だったとすれば、4年にわたって毎年2000万円ずつ費用計上することで、所得を大幅に減らすことができます。つまり、大きな節税効果が得られるのです。

これがサンフランシスコであれば、1億円の物件を買っても、建物価格の割合が半分なら減価償却できるのは5000万円程度となるので、4年で割った1年あたりの減価償却額も1250万円ほどとなります。

先ほど、米国では築年数が経過した物件でも、管理さえしっかりしていれば家賃は下がらないと書きましたが、これは建物の価値についても同じです。築22年以上が経過した木造物件でも、米国では数千万円単位で取引されることがしばしばあります。

これに対し、日本の不動産の場合は、築22年を過ぎると物件価格に占める建物の割合はほぼゼロになってしまうので、節税効果はほとんど期待できません。

不動産価格に占める建物の割合が圧倒的に高いテキサス不動産だからこそ、減価償却による圧倒的な節税効果が期待できるのです。

当社で1000万円前後の区分所有コンドミニアムを一度に複数戸購入するお客さまの中には、そうした所得税の節税効果を狙って購入する人が少なくありません。

なかでも、医師をはじめとする高額所得のお客さまほど、減価償却による節税メリットに強い関心を持たれるようです。

テキサス不動産投資のリスクとは？

まずは不動産投資の基本的なリスクを理解する

ここまで、テキサス不動産投資のメリットについて説明してきましたが、当然ながら投資である以上、相応のリスクもあります。

以下に詳しく説明しますので、実際にテキサス不動産の購入を検討する方は、代表的なリスクの存在をしっかりと認識したうえで、万全の対策を打ってください。

第1章でも説明したように、そもそも海外不動産投資には、次の3つの大きなリスクがあります。

①カントリーリスク
②為替変動リスク
③法令や慣習の違いによるリスク

しかし、新興国と違って政変や政治的混乱などの危険が極めて少なく、世界最強の通貨である米ドルを使用し、不動産取引の透明性も非常に高い米国は、この3つのリスクが極めて小さい理想的な国であるということは前述したとおりです。

それでも、個別の不動産物件を購入するにあたっては、注意しなければならないリスクがいくつかあります。その代表的なものが、次の2つです。

①空室リスク
②家賃下落リスク

この2つは、国内であれ海外であれ、不動産投資には必ずつきまとうリスクです。すでに国内で賃貸アパートやマンションなどの経験がある人なら、非常に気になる部分ではないでしょうか。

まず、空室リスクについて。テキサス州の中にも、空室のリスクが高いエリアとそうでないエリア、空室リスクが高い物件とそうでない物件があります。

初めてテキサス不動産を購入する人は、土地勘や入居者が好みやすい物件に関する知識がまったくないわけですから、どうやって空室リスクを抑えたらいいのかは、悩みどころだと思います。

エリアに関して言えば、まず、とくに人口増加の勢いがある都市を選び、そのなかでも「学区」のいい場所を選ぶのがポイントです。

米国では、学区ごとに小学校から高校までの10段階評価やランキングが公表されており、生徒と教師の人数割合、学力テストの平均点、保護者によるレビューや専門家によるコメントなどの詳しい情報も簡単に入手できます。そして、レベルの高い学区であればあるほど、米国人に好まれやすく、安定的に入居者が確保できる傾向が強いのです。

これは、日本でもいい学校の近くにあるファミリータイプのマンションや戸建て賃貸住宅の人気が高いのと似たような現象と言えるでしょう。

自動車社会の米国においては、日本のように「駅近」とか「繁華街に近い」といった生活利便性が入居者への強烈なアピールポイントになることはありませんが、学区の良し悪しはかなり重要なポイントとなります。

またテキサス州では、トヨタの新北米本社やアマゾンの巨大物流倉庫のように、グローバル企業の大規模な事業拠点が次々と設置されているため、そうした拠点の周辺エリアも安定的な賃貸需要が期待できます。

次に、家賃下落リスクについて。人口増加に勢いがあるエリアであれば、賃貸需要も拡大し続けるはずなので、そのぶん家賃下落リスクは小さくなります。つまり、空室リスクの低いエリアを選べば、家賃下落リスクも抑えやすくなるわけです。

ただし、どんなにエリアがよくても、物件そのものに魅力がなければ、入居者が安定的に確保できるとは限りません。そして、物件の良し悪しは管理状況の良し悪しによって決まります。

詳しくは第3章「物件管理と出口戦略はしっかりと」で解説しますが、海外不動産投資においては、外国にある物件をどうやって適切に管理していくのかというのが非常に大きな課題となります。

基本的には、現地の不動産管理会社に一任するしかありません。このため、物件所有者（オーナー）の目が届かないのをいいことに杜撰な管理をされると、入居者が付きにくくなって、空室リスクが高まってしまう恐れもあります。

したがって、空室リスクを抑えられるかどうかは、管理会社選びにかかっていると言っても過言ではありません。

ところで日本では、入居者を確保するために、部屋に無料Ｗｉ‐Ｆｉを設置したり、キッチンのコンロを安全で掃除しやすいＩＨ調理器に換えたりと、さまざまなリフォームを行うケースが多く見られます。しかし、そうした〝日本流〟のやり方は、必ずしも米国では通用しないことを覚えておいてください。

たとえば、日本の賃貸住宅オーナーが入居希望者にアピールするために付けたがる設備のひとつに温水洗浄便座があります。確かに国内の物件であれば温水洗浄便座はもはや必須の設備と言えますが、じつは米国ではこれを使用する習慣はほとんどありません。使い慣れないものを間違って使い、何らかのトラブルが発生したりすると、最悪の場合、訴えを起こされる可能性もあります。ならば、最初から付けないほうがいらぬトラブルを回避できますし、そもそも無駄な費用をかけずに済みます。

このように、日本の常識が通用しないケースは米国では山のようにあります。これは設備だけに限らず、考え方や文化、商慣習など、あらゆる面においてです。

そもそも、ほぼ単一民族国家である日本と違って、米国には白人、黒人、ヒスパニック、東洋人など、さまざま民族が暮らしています。同じ白人の間でさえ、ルーツとなる国が違えば文化は大きく異なるのですから、日本人特有の考え方が通用するはずはありません。

「郷に入っては郷に従え」という言葉どおり、米国で受け入れられるやり方を理解して取り入れることは、テキサス不動産投資で成功するための大原則だと言えます。

また、第1章でも述べたように、テキサス州ではシェールガス・シェールオイル産業が急速に発展しており、これが同州の不動産価格を押し上げる大きな要因のひとつになっています。

しかし、天然ガスや石油の需要は、景気動向や国際情勢によって変動しやすく、一時的に生産量が大きく減ったり、価格が下落したりする可能性もあります。その場合、テキサス州の不動産価格にも悪影響を及ぼすことが考えられます。

このほか、メキシコ湾に面するテキサス州は、ハリケーンの通り道でもあります。購入した不動産が暴風雨や洪水などの被害に遭って、使用不能となるリスクもまったくないとは言えません。心配な方は、保険に入っておくといいでしょう。

ただし、補償される被害の範囲や補償額は、保険によって異なります。契約内容はしっかりと確認することが大切です。

第3章

物件管理と出口戦略はしっかりと

物件管理は購入後の最重要課題

物件を「買うだけ」なら、お金があればできるが……

不動産投資は一般に、「どんな物件を取得するかが成功と失敗の分かれ道」だと言われます。

どんなに立地に恵まれ、入居者が確保しやすい物件であったとしても、取得価格が高すぎると、十分なキャピタルゲイン（不動産の値上がり益）を得られなかったり、取得するための借入金（ローン）が増えすぎて、月々の家賃収入でもまかないきれなくなったりすることがあります。あまりにも高すぎる物件を取得すると、買った時点で収支計画が破綻してしまう恐れがあるわけです。

だからと言って、「とにかく安い物件を取得すればいい」というわけでもありません。

価格が安いということは、立地に恵まれていなかったり、建物の質が悪かったりすることの裏返しであることが多いからです。条件の悪い物件は、資産価値が上がりにくく、入居者の確保にも苦労します。その結果、十分な家賃収入が得られなくなり、やはり赤字になってしまう危険があります。

理想的なのは、立地がよく、入居者がコンスタントに確保できるにもかかわらず、手ごろな価格で取得できる物件です。

たとえば、10万ドルの物件のうち5万ドルを、ローン払いの20年返済で、金利３・６％とすると、月々の支払いは３００ドルほどになります。月々の家賃収入を８００ドルとすると、経費分４００ドルとローン３００ドルを差し引いても赤字にはならないという計算です。

このように、最初の段階で十分な採算が取れる物件かどうかを見極めることは、不動産投資を成功させるための鉄則です。不動産投資のコンサルタントやアドバイザーの中には、「投資の成否は、９割が〝入り口〟（どんな物件を取得するか）で決まる」と断言する人もいます。

ただし、米国での不動産投資に関して言えば、人種、習慣、文化、食事が異なる人々を管理することは非常に大変なため、買ったあとに「物件管理を誰に任せるか」ということが重要となります。

なぜなら、日本と違って、米国では管理会社ごとのサービス品質にかなりの差があり、物件所有者（オーナー）が国外にいるのをいいことに、杜撰な管理をする会社もあるからです。

第2章で、建物の管理が悪いと空室リスクが高まるという話をしましたが、管理会社選びを間違えると、どんなに優良な物件を取得しても、安定的な収益が期待できなくなる可能性があります。

物件を買うだけならお金があればできますが、それを「資産として生かす」ためには、買った後の管理についても十分に考えるべきでしょう。

管理会社はどうやって探せばいいのか？

管理の悪い物件は、入居者が確保しにくいだけでなく、建物のクオリティが下がるので、いざ売却する際も困難になりがちです。

テキサス不動産の〝出口戦略〟については後ほど詳しく解説しますが、よりよい〝出口〟を実現するためにも、いい管理会社を選んで、日ごろから建物のクオリティをしっかり維持し続けることが大切です。

たとえば、戸建てや1棟ものの物件を取得したのであれば、建物の外壁は定期的にペンキを塗り替え、屋根が傷んだら張り替える必要があります。

室内では、壁のクロスや床のカーペットは、常にきれいな状態に保っておかなければなりません。もちろん、入居者が入れ替わる際には、これらを部屋の隅々までしっかりチェックして、次の入居者が気持ちよく入れるようにする必要があります。

米国の物件は、照明や水回り、冷暖房などの設備・装備はもちろん、家具やカーテンなども付いたままの状態で賃貸されるものもあります。（一般的には家具がついていないことが多いですが地域によって家具付きの場合があります）それらの設備が建物のグレードに合っているかどうか、傷や故障はないかといった点も、入居者が付くかどうかに大きく影響するので、選定や管理を怠ることはできません。

このほかテキサス州では、年に一度あるかないかですが、大きなハリケーンや竜巻が発生します。その際には、ベランダに出ているテーブルや椅子は室内に入れ、プールサイドのパラソルや椅子、テーブルはプールの中に沈めてやり過ごすのが一般的です。

入居者がいれば自分で対処してもらいますが、空室のときは、これらを管理会社にしっかりと行ってもらう必要があります。

こうした細かい管理によって建物を常に快適な状態に維持することで、空室リスクや家賃下落リスクは低減され、安定的な家賃収入が期待できるようになるのです。

では、そのように行き届いた管理をしてくれる管理会社は、どうやって探せばいいのでしょうか?

米国では一般に、売買取引を仲介した不動産会社が不動産の管理会社を紹介してくれます。不動産会社が管理まで請け負うケースもありますが、いずれにしても、選択肢はあまりありません。

評判のいい管理会社を自分で探して契約するという方法もありますが、インターネットで検索しようと思えば、相応の英語力はもちろん、情報を取捨選択するリテラシーが必要です。これはかなり高いハードルと言えるでしょう。

英語ができる友人・知人や、米国で不動産投資やビジネスの経験がある人が身近にいるのであれば、管理会社探しを手伝ってもらうという手もあります。

もちろんこれは、不動産会社探しについても同様です（米国での不動産会社探しについては、第4章「テキサスで不動産投資を始めるには」で詳しく解説します）。

日本語で対応してくれる管理会社は少ない

先ほども述べたように、自分で米国の不動産管理会社を探すとなると、ある程度の英語力が必要とされますが、これはもちろん、実際に管理を委託した後、管理会社と日常的なやり取りをするシチュエーションにおいても同様です。

管理会社は、物件のオーナーに建物や入居者の状況などに関するレポートを定期的に送ってきますが、当然ながらその内容はすべて英語で書かれています。

もちろん、それに対する回答も英語で行います。たとえば、入居者が家賃を滞納したとか、ハリケーンによって屋根が吹き飛んだといったトラブルについて、どう対処するかを英文で書いて送る必要があります。これは、ネイティブレベルに近い英語力がなければ、なかなか難しいことです。

その点当社では、信頼できる現地の管理会社をお客さまにご紹介し、管理会社とのやり取りについては、必要に応じて日本語によるサポートをしています。

当社のように、日本語で対応サービスを提供してくれる不動産管理会社はほとんどありません。当社が紹介する管理会社もほとんどは英語対応のみですが、言葉の壁によってオーナーの方々が物件の状況を把握できず、長らく空室のまま放置されたり、建物が荒れてしまったりすることを避けるため、ダラス支社に日本人スタッフを常駐させ、彼らの指示のもと、物件の管理や価値を高めるためのリノベーションが行われており、さらには、管理会社を監視する体制を整えております。そしてお客様が現地視察される際は全て日本語で対応しています。

他社に紹介された管理会社を利用しているオーナーの中には、管理会社から送られてくる英語のレポートやメールをほったらかしにした結果、空室が続いて家賃収入が途絶えてしまった人や、建物に致命的な破損が生じて価値を下げてしまった人もいるようです。管理会社とのコミュニケーションの断絶は、投資効率の低下や損失の拡大に直結するのです。

前述の通り当社は、管理会社を紹介するだけでなく、紹介した会社が「やるべき仕事」をきちんとやっているかどうかについても、日ごろから厳しくチェックしています。それによって管理会社にプレッシャーを与えることが、怠りない管理に結びつくと考えているからです。

お客さまに買っていただいた物件は当社のスタッフが定期的に訪れ、建物に傷や汚れなどがあったときは、すぐ管理会社に対応を求めますし、庭にごみが散らかっている、庭の木の葉が生い茂って見苦しいといったようなときも、すぐさま手入れを依頼します。米国では建物の外観はもちろん、周辺環境の管理が行き届いていないと、自治体から注意勧告が出されたり、入居者が付きにくくなったりすることがあるからです。

このように、日ごろから物件の状況を厳しくチェックし、口うるさく対応を求めれば、管理会社は仕事の手を抜けなくなります。その結果、いい加減な管理によって家賃収入が途絶えたり、物件の価値が下がったりするリスクを下げられるわけです。

おかげさまで当社のお客さまからは、「いい物件を紹介してくれるだけでなく、管理もしっかりしている」という評価の声をたくさんいただいています。

その代わり当社では、お客さまが管理会社に支払う手数料にプラスして手数料をいただいています。通常、米国の管理会社に支払う管理手数料は月々の家賃の6～7％ですが、当社ではこれに3～5％上乗せした9～12％の管理手数料を請求しています。

これは、日本語による管理会社とのコミュニケーションや、日ごろの物件のチェックなどにかかる人件費としていただいています。

そのため、物件の運用利回りは多少下がってしまいますが、「日本語のサポートを受けながら物件の価値を維持できるのなら安心だ」と、ほとんどのお客さまは喜んでくださっています。

入居付けも管理会社の腕の見せどころ

日本と同じように、米国においても、物件への入居付けは管理会社の重要なサービスメニューのひとつです。

不動産オーナーにとって、きちんと家賃を払い、周囲とのトラブルなどを起こさない人に住んでもらうのが望ましいのは言うまでもありません。日本でも、管理会社が入居希望者に直接面談をして、属性や人となりをチェックするようですが、これは米国でも同じです。

米国の管理会社は、入居希望者と面談をする際、申し込みフォームに氏名、住所、ソーシャルセキュリティナンバー（SSN、社会保障番号）を記入してもらいます。

SSNとは、米国民1人ひとりに付与される社会保障サービスを受けるための登録番号で、日本のマイナンバー（個人番号）に相当するものです。

米国では、氏名、住所、SSNの3つのキーさえあれば、その人のクレジットレポート（信用情報）を簡単に照会できます。クレジットカードを何枚持っていて、それぞれの利用限度額（信用供与額）はいくらあるのか。過去に返済遅延の履歴はどれだけあるのかといったことが、すべて明らかになるのです。

このクレジットレポートの恐ろしい点は、そうした過去の返済遅延履歴に基づき、米国民1人ひとりの信用力を「クレジットスコア」として点数化しているところです。

クレジットスコアの〝平均点〟は580～620点前後といったところですが、一般に米国の管理会社は、この〝平均点〟を上回っているかどうかを入居者選びの目安にしています。クレジットスコアが620点以上の人であれば、過去にクレジットカードの支払いが遅れたことはほとんどないので、家賃もきちんと払ってくれるだろうと安心できるからです。

日本の管理会社が、同じように信用情報まで見て入居者を選んでいるのかどうかはわかりませんが、少なくも米国では事前にしっかりとチェックし、家賃滞納を未然に防ぐ安全弁としています。

また、米国の管理会社の多くは、富裕層に特化して賃貸物件をあっせんしている会社や、中間層向け、低所得層向けなど、それぞれの得意分野を持っています。

得意分野ごとに入居付けのノウハウが異なるので、高級物件であれば富裕層の賃貸に強い管理会社、割安物件であれば低所得層の賃貸に強い管理会社といったように、取得した物件のグレードに合わせて管理会社を使い分けるのが賢い方法と言えます。

たとえば、低所得層の賃貸に強い管理会社の中には、日本の生活保護に相当する、低所得者救済制度の適用を受けている入居者を付けるのが得意な会社もあります。

救済制度により保護を受けている入居者であれば、たとえ本人の収入が不安定でも、家賃は国や州がきちんと払ってくれるので、家賃滞納リスクはまったくありません。しかも、こうした入居者は同じところに長く住み続けたがる傾向があるので、むしろ安定的な家賃収入が見込めるわけです。


同じように、富裕層に強い管理会社や、中間層に強い管理会社も、それぞれの物件のグレードに応じた入居付けのノウハウを持っています。

こういった情報を詳しく知らない日本人にとって、どの会社がどの分野に強いのかを見極めるのは難しいでしょう。そこで当社では、お客さまが取得した物件のグレードに合わせて、それにふさわしい現地の管理会社をご紹介しています。

当社には十数年にわたって米国で不動産業に携わってきた実績があり、管理会社をはじめとするパートナーのネットワークも大きく広がっています。その数多くの選択肢の中から、お客さまの物件に合った管理会社を紹介できるのも、当社の強みのひとつであると自負しています。

トラブル発生も想定し、利益を確保する仕組みを考える

ところで、クレジットレポートをチェックして信用力の高い入居者を選んだとしても、当然ながら家賃滞納リスクがゼロになるわけではありません。どんなに真面目な人でも、入居後に職を失って収入が途絶えたり、離婚や急な入院など、金銭的に困難となる事情が生じて家賃が払えなくなるケースは、ままあるものです。

しかし、日本と違って、オーナーの権利がしっかりと保護される仕組みが整った米国では、家賃の支払いが滞った場合、オーナーは、3日前通知によって入居者を強制的に退去させることができると法律で認められています。このため、滞納によって家賃収入が途絶える期間は、日本に比べれば短く済むことが多いようです。

ただし、強制退去はあくまで大家の責任において行う仕事となりますので、海外に在住している大家さんにとって簡単なことではありません。こうしたトラブルをスムーズに解決するための専門業者を探すのも一苦労でしょう。

また、付属設備の故障や老朽化により、大きな修繕費用がかかる事象が発生することも

あります。天災や事故により損害を被った時に、十分な保険金が下りるよう、保険会社との交渉が必要になることもあるかもしれません。そのような時の対応も想定しておかなければなりません。

トラブル発生時は、直接的にかかる費用はもちろん、そこに費やされるオーナーの労力もまた、大きな負担となります。ですから、管理会社を選定する際は、いざトラブルが発生したときにどこまで対応してくれるのかを、きちんと見極める必要があります。

海外不動産に投資をするうえで、どうしても気になるのは、「物件管理や入居付けをいかにうまくコントロールし、利益を生む仕組みをつくり上げることができるか」という点だと思いますが、トラブル時の対応を含め、当社は、そうした日本のお客さまの心配事を極力減らすことができるよう努めています。

失敗しない出口戦略の立て方

5年後、10年後の売却を前提に投資計画を立てる

キャピタルゲインを狙って不動産投資をする場合、必ず考えなければならないのは、物件を、いつ、どのようなかたちで、いくらで売るのか、という〝出口戦略〟です。

物件の値上がり益があまり期待できない日本では、できるだけ長く物件を持ち続けて家賃収入を得るインカムゲイン狙いの不動産投資が主流ですが、海外では、物件を長く持ち続ければキャピタルゲインも十分に狙えます。

たとえば、当社が日本のお客さま向けに販売しているテキサス州の区分所有コンドミニアムの場合、賃貸によって年4％前後のインカムゲイン（実質利回り）が得られるだけで

なく、物件の価値も年４％前後ずつの値上がりを期待できるものが少なくないのです。つまり、インカムゲインとキャピタルゲインを合わせれば、年８％前後もの利益が期待できるわけです。

具体例として紹介したいのが、121ページの【図３-１】の収支シミュレーションです。

これは、当社が日本のお客さまに販売したダラスのコンドミニアムの例ですが、物件価格９万９８００ドル（約１１２８万円）に対し、月々の家賃収入は６５７ドル（約７万４０００円）、諸経費を差し引いても２９６ドル（約３万３０００円）の利益が得られ、年間では３５５２ドル（約40万円）の純利益になります。物件価格に対する実質利回りは、じつに３・56％です。

仮に物件を５年間持ち続けた場合、賃貸による純利益の総額は１万７７６０ドル（約２００万円）になる計算です。

一方、物件そのものの価格は、全米の不動産価格の平均上昇率（４％）にあてはめると、５年後には９万９８００ドルから12万１４２０ドル（約１３００万円）に値上がりするものと期待されます。５年後に売却すれば、差額の２万１６２０ドル（約２３０万円）に、それまでの家賃収入1万7760ドルを加えた約3万9000ドル（約420万円）の利益が得られる可能性があるわけです。

このように、所有する物件が今後5年、10年でどれだけの価値を生むのかを周到にシミュレーションしたうえで、売るタイミングや売却方法などを考えるのが、出口戦略の基本であると言えます。

これはあくまでも私の考えですが、米国の不動産の場合、少なくとも向こう10年間はいつでも売れるチャンスがあると思っています。

支持率が低く、政権公約もなかなか果たせないトランプ大統領の姿に政治リスクを感じている人は少なくないかもしれません。しかし、米国の経済動向を見ると、トランプ氏の大統領就任以来、株価は上がり続けていますし、同大統領が2017年12月に成立させた、10年で1・5兆ドル（約170兆円）規模の大型減税によって、ひとまず向こう10年間は米国の景気拡大が持続する期待が高まってきたからです。

私自身は、人口がどんどん増え続け、膨大なエネルギー資源を持つ米国の経済は、10年どころか、20年後、30年後も伸び続けるという確信すら持っています。少なくとも、今後

【図3-1】収支シミュレーション【テキサス州に実在する物件による参考例】

所在地	テキサス州 ダラス
タイプ	コンドミニアム （1ベッド・1バス）
築年数	1981年
減価償却	85%（4年間） ※日本在住の方のみ

初期経費	
物件価格	$99,800
購入諸経費（5%）	$4,990
初期費用合計	$104,790

●収支モデル（インカムゲイン）

	月間	年間	5年後の合計
家賃	$657	$7,884	$39,420
諸経費 （固定資産税・管理費等）	$361	$4,332	$21,660
純利益	$296	$3,552	$17,760
表面利回り	－	7.90%	－
実質利回り	－	3.56%	－

●資産価値（キャピタルゲイン）

〈資産価値の不動産価格の上昇モデル〉※全米の不動産価格の平均上昇率（4%）

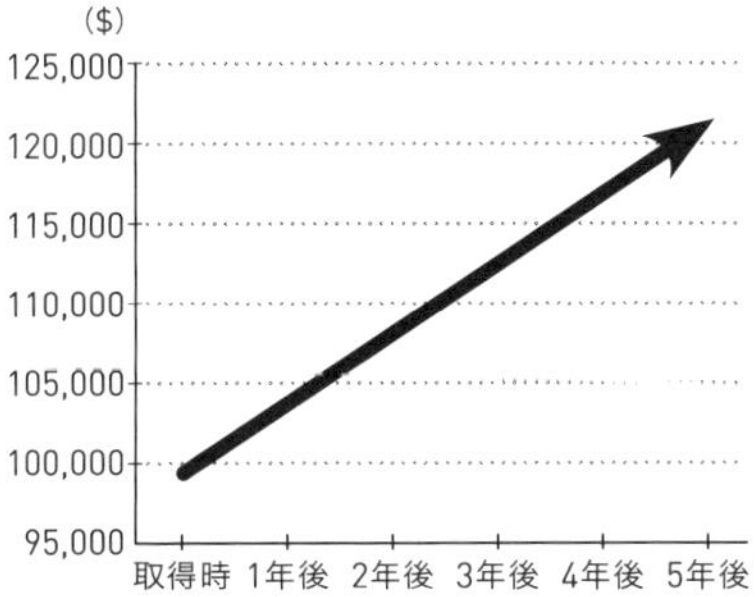

取得時	$99,800
1年後	$103,792
2年後	$107,944
3年後	$112,261
4年後	$116,751
5年後	$121,420

※上記は実際の物件をモデルとした一例です。物件ごとに状況が異なるため、必ずしも上記のケースに当てはまるわけではないことをご了承ください。

10年間の米国経済は安泰と言っていいのではないでしょうか。

経済が好調であれば、不動産価格や家賃相場も堅調に推移しますし、住宅需要も高まるので、常に買い手が見つかります。

とくに米国では、投資目的よりも居住目的で住宅を購入する人の割合が圧倒的に高いので、新興国の物件などと比べると、買い手探しにはそれほど苦労しません。需要が多いうえに取引の透明性も高いので、市場価格よりも安く買い叩かれるリスクが低いのもメリットです。

テキサス州の不動産に投資する場合、ひとまず10年をめどに出口戦略を立て、その後については、そのときの米国の政治・経済状況を見ながら判断するというのが賢明な方法だと考えています。

第4章

テキサスで不動産投資を始めるには

日本の物件探しとはどう違うのか？

米国の不動産業者のライセンスは2種類ある

この章では、いよいよ実際にテキサスで不動産投資を始めるための物件探しや、物件購入のプロセスなどについて解説します。

そのために、まずは米国の不動産業者に関する知識や、物件の種類などについて押さえておきましょう。

国が変われば、不動産業者に与えられる営業許可の条件も大きく変わります。たとえば日本では、不動産業者のライセンスを持っている社員（宅地建物取引士）が一定数いれば不動産業を営むことができますが、米国では不動産業に従事する者全員がライセンスを持っている必要があります。

米国の不動産業のライセンスには、「セールスエージェント」と「ブローカー」の2種類があります。

セールスエージェントとは、不動産の販売や仲介業務ができるライセンスです。テキサス州の場合、18歳以上の米国市民または永住権を持つ外国人で、同州の適法な住民でなければセールスエージェントの資格を得ることはできません。

また、資格を得るための条件として、合計180時間の不動産関係教育プログラムの修了が義務づけられています。なお、セールスエージェントは独自に不動産会社を運営することはできず、ブローカーの免許を持つ個人または不動産会社の下で業務を行います。

ブローカーとは、不動産会社を設立したり、独立して営業することができるライセンスのことです。テキサス州の場合、ブローカーの資格を得るためには、過去5年間に4年以上、セールスエージェントの資格を持って州内で不動産業務を行った経験が必要です。また、合計270時間の不動産関係教育プログラムの履修が求められています。

米国の不動産業者には、これらのライセンスとは別に、各地域の不動産協会に所属しているかどうかによる区分もあります。

不動産協会に所属している不動産業者は、37ページで紹介した総合不動産情報サービス、MLS（Multiple Listing Service）で物件情報を共有することができます。そのため、仲介業務を行う不動産業者は必ず、不動産協会に所属しています。

ちなみに、当社は現在、コーパスクリスティの不動産協会の所属です。日系の不動産会社としては当地で初めての加盟企業であり、MLSを通じて多くの不動産情報に接するとともに、現地の不動産業者と緊密なネットワークを築いています。

ほぼすべての売り物件情報が確認できるMLS

ここで、MLSについてもう少し詳しく解説しておきましょう。米国の不動産物件情報は、基本的にすべてオープンにされています。その情報を簡単に検索・閲覧できるのが、総合不動産情報サービスのMLSです。

MLSは全米各地の不動産協会が運営しており、協会に加盟する不動産会社が仲介依頼を受けた売り物件の概要、販売状況、所有者、過去の取引価格、固定資産税評価額などのあらゆる情報が登録されています。

ＭＬＳに直接アクセスできるのは、ライセンスを持ったセールスエージェントやブローカーなどに限られています。ただし、彼らはＭＬＳから得た物件情報を自社サイトにも掲載しているので、どの業者からでもほぼ同じ情報が得られます。

日本と違って、仲介業者によって紹介される物件情報が制限されたり、同じ物件でも業者によって情報の中身が食い違ったりということはありません。

すべての業者が同じ情報を持っているのですから、米国で不動産業者を選ぶ場合には、「いい物件情報を持っているかどうか」は、判断材料にはなりえません。むしろ後述するように、ただ情報を並べるだけでなく、買い手のことを思って、親身に対応してくれるかどうかが不動産会社選びの大きなポイントだと思います。

ちなみにＭＬＳはポータルサイトを運営しており、ここから州別、都市別に売り物件を探すことができます（【図４‐１】参照）。

ライセンスを持たない一般の人でも、物件の外観写真のほか、物件の種類、間取り（ベッドルーム数・トイレ数）、面積、価格などは閲覧可能です。

それ以上の情報を知りたい場合は、不動産業者に直接尋ねるしかありません。
不動産産業者がMLSで詳細情報をチェックすると、以下のようなアルファベット記号で物件の現在の状態が表示されます。

A（Active）…現在売り出し中
C（Contracted）…契約成立
P（Pending）…売買手続き一時中止
S（Sold）…登記まで完了
TまたはW…売買中止

Aの状態の物件であれば、取得交渉が可能ということです。
また、不動産業者がチェックできる詳細

【図4-1】MLSの物件検索画面

出典：MLS

情報には、物件を売り出してからの日数も出ており、すぐに売れたのか、なかなか売れなかったのかもわかります。売り出してからある程度日数がたっている物件は、値下げ交渉によって安く購入できる可能性もあります。

見当をつけるなら、民間情報サイトもチェック

米国には、MLSのほかにも、「Zillow」（ジロー）や「Red Fin」（レッドフィン）といった民間の不動産情報総合サイトがあります。これらのサイトでは、個別物件の価格はもちろん、面積や間取りといった基本情報、外観や室内などの写真を見ることができます。ひとまず物件の見当をつけたいのなら、これらの民間情報をチェックしてみるのもいいでしょう。

ただし、不動産協会が運営するMLSと違って、民間サイトの情報にはかなりの遅れがあります。すでに1カ月も前に売却済みの物件や、以前の物件価格が更新されないまま掲載されていることも珍しくありません。

その点、MLSの情報は不動産協会に加盟する業者が常にアップデートすることを義務

づけられているので、まだ売れ残っているのかどうか、現在の価格はいくらなのかといったことをリアルタイムで確認できます。民間サイトであたりをつけた後は、必ず不動産会社に問い合わせて、MLSの情報を確認することをお勧めします。

このほか、エリアや都市の不動産市況を知りたい場合は、インターネットで「都市名＋real estate＋index」などのキーワードで検索すれば、各種統計データが出てきます。最も代表的なのは「S&Pケース・シラー住宅価格指数」ですが、ほかにもさまざまな統計があり、過去から現在にいたる住宅価格の推移が確認できます。

テキサス州の不動産市況について詳しく知りたい場合は、テキサスA&M大学不動産センターの

【図4-2】テキサスA&M大学不動産センターのホームページ

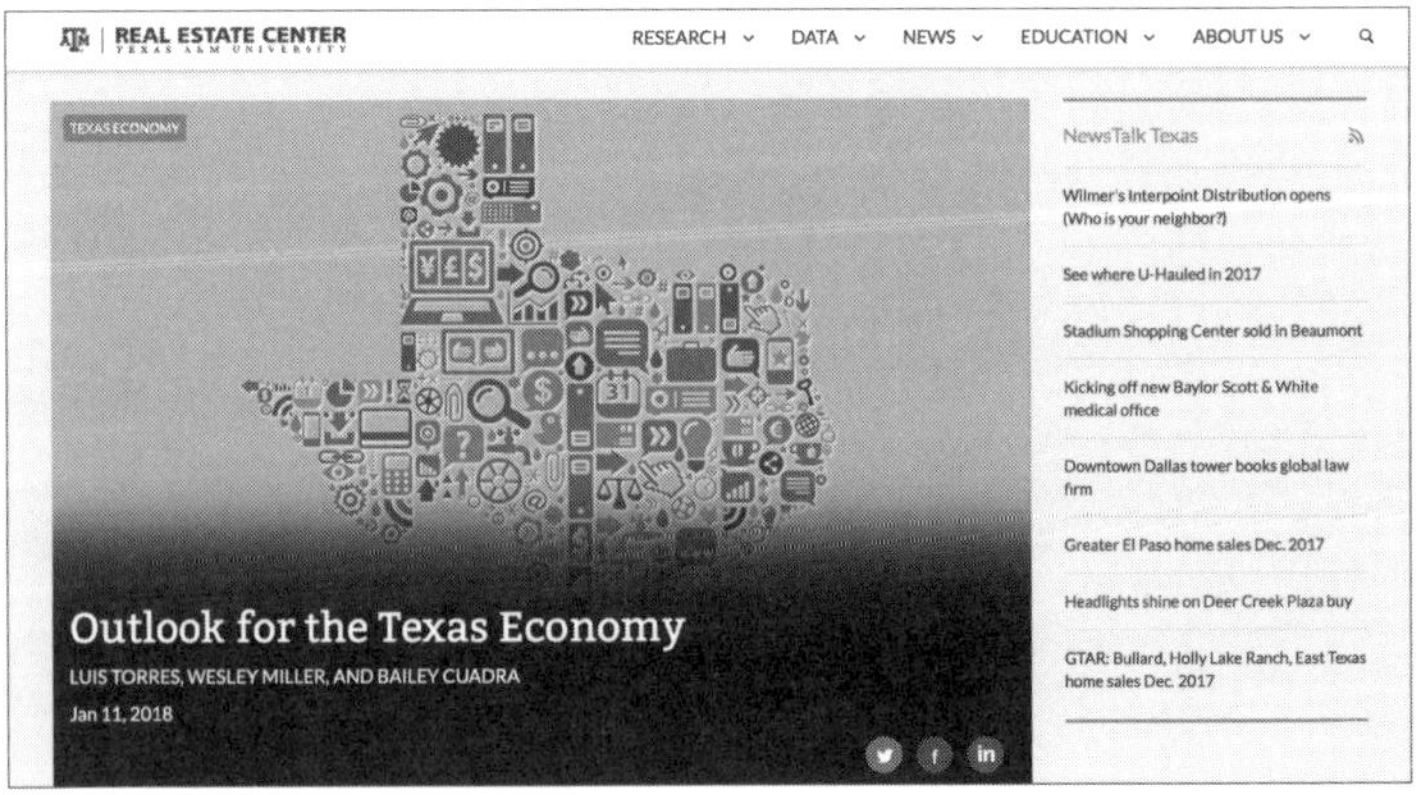

出典：Real Estate center-Texas A&M University

サイトにアクセスするのもお勧めです（【図4-2】参照）。

住宅価格インデックスの推移や不動産市況に関するレポートなどインターネット上で無料公開しています。

不動産業者はどうやって選ぶ？

ここまで述べてきたように、米国でいい物件の情報にたどり着くためには、ひとまず不動産業者にアプローチをしなければなりません。

MLSがある米国では、すべての不動産業者が同じ物件情報をリアルタイムに共有しているので、情報力の差はまったくありません。日本のように「いい物件や掘り出しものの物件情報を持っている」ということが不動産業者選びの基準にならないことは、すでに述べたとおりです。

では、不動産業者は何を基準にして選んだらいいのでしょうか？

これは日本でも同じですが、長い歴史を有する業者や、高い販売実績・仲介実績を持つ業者は、それなりに信頼が置けると考えていいでしょう。加えて、顧客の立場になって親身に対応してくれるかどうかということも、不動産業者を選ぶうえでの重要なポイントとなります。

不動産業者の中には、客が買いたい物件よりも、自分が売りたい物件を積極的に勧めてくる業者も少なくありません。迫力に押され、つい相手の言いなりになって、望んでもいない物件を買わされてしまう危険もあります。

米国は自己主張の国ですから、自分はなぜ米国の不動産を買いたいのか、その目的を果たすためにどんな物件が必要なのか、ということを相手にはっきり伝えないと、〝入り口〟の段階で投資が失敗してしまう可能性もあります。

伝えたいことをはっきりと伝え、そのうえでこちらの目的にかなった物件をきちんと紹介してくれるかどうかを、じっくり見極めるべきです。そのためには、ひとつの業者だけでなく、可能な限り数多くの不動産業者を回って、対応のいいところを探したほうがいいでしょう。

米国での不動産業者探しの手順は、前章で述べた不動産管理会社の探し方と基本的には同じです。

ひとまずインターネットで調べたいという場合は、検索エンジンで「Texas+realtor」(テキサス+不動産業者)などと入力すれば、現地の不動産業者がリスト表示されます。

ちなみに、テキサス州の不動産協会のサイトには、加盟する不動産業者を検索できるサービスも用意されています。エリアや都市などを入力すると、現地の業者がリスト表示されるので、そのリストをもとに、できるだけ多くの業者にあたってみる方法もあると思います(【図4-3】参照)。

【図4-3】テキサス州不動産協会のホームページ

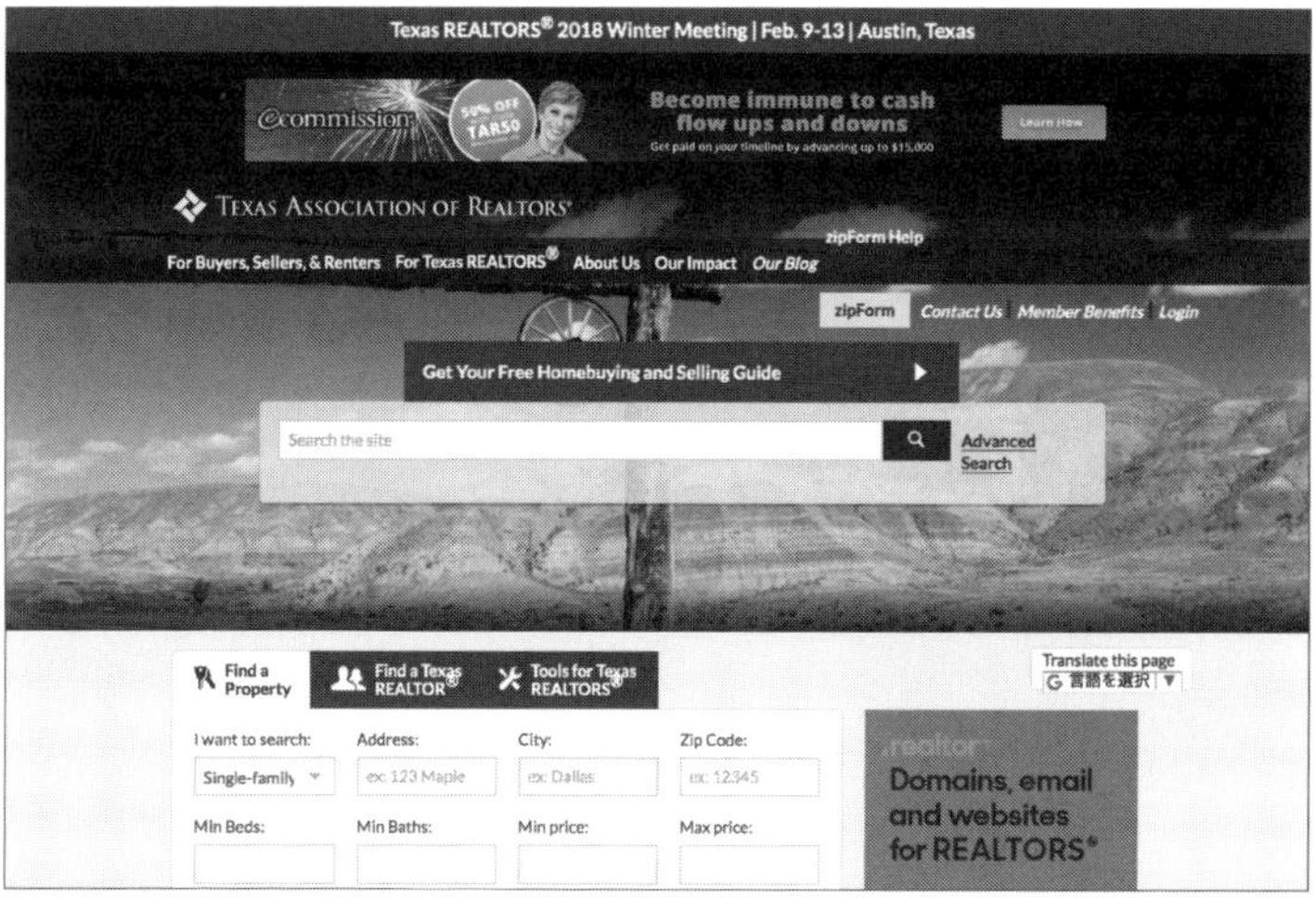

出典:TEXAS ASSOCIATION OF REALTORS

米国にはどのような物件の種類があるのか？

ところで、インターネットで米国の不動産物件を探したり、不動産会社に照会したりする際には、「どのような種類の物件を買いたいのか」ということも明確にしておく必要があります。日本の場合、賃貸用物件にはワンルームやファミリータイプなどの区分所有マンション、あるいは1棟もののアパートや鉄筋コンクリート造（ＲＣ造）のマンションなどの分類がありますが、同じように、米国の賃貸用物件にもさまざまな種類があります。

米国の場合、エリアによっても賃貸用物件の種類はかなり異なります。たとえば、ニューヨークのマンハッタンやハワイのホノルルなどは土地が限られているため、日本でいうマンションに相当する「コンドミニアム」が一般的です。建物1棟を丸ごと買うとかなり高額になるので、多くは1戸（1ユニット）単位で売買されます。

もう少し土地に余裕のある大都市の中心部などでは、「アパートメント」と呼ばれる集合住宅が多くなります。これは、日本でいう1棟もののアパートやマンションに相当します。ただし、日本と違って米国ではＲＣ造は少なく、木造がメインです。

大都市でも近郊エリアになると、「タウンハウス」や「一戸建て」が主流です。タウンハウスというのは、長屋形式で建てられ、各住戸が横に連なったものです。タウンハウスや一戸建ても、構造は木造がほとんどです。

アパートメントやタウンハウスは、1棟単位だけでなく、コンドミニアムと同じように1戸単位で売買されることもあります。これを「コンドタイプ」などと呼びます。

もともと1棟単位で売買されていたアパートメントやタウンハウスをコンドタイプに変更することを「コンバージョン」と言い、権利関係を変更するだけでなく、建物の構造や設備に一定の変更を加えることが必要になる場合もあります。

ちなみに、当社ではテキサス州のコンドミニアムなどを1棟単位で仕入れ、リノベーションを施した後、日本のお客さまに1戸単位で販売しています。本書のタイトルで「ワンルームマンション」と表現しているのは、間仕切りがない「ステューディオタイプ」と呼ばれる物件です。当社で販売しているコンドミニアムは、お客さまが購入する時点で権利関係が1戸ごとに分割されており、配管などの構造や設備も完全に分かれています。購入後にこれらの面倒な手続きや工事をしなくていい点も、日本のお客さまから支持されている理由のひとつだと思います。

物件購入までのプロセス

日本に比べて合理的かつ安全な米国の不動産取引

投資する物件を決めたら、いよいよ購入の手続きに入ります。

米国の不動産取引はほぼ定型化されており、売主との交渉はすべて不動産仲介業者（セールスエージェントまたはブローカー）が行ってくれます。また、交渉成立後の契約手続きについては、「エスクロー会社」が代行します。

エスクロー制度ついては後ほど詳しく解説しますが、この制度があるおかげで、米国では買主が契約手続きのために売主と顔を合わせることは一切ありません。

日本では、契約書を取り交わす際や、契約手続きの最後に行われる残金の支払い、ローンの実行、鍵の受け渡し、登記手続きの委任などのために売主、買主、不動産仲介業者、銀行、司法書士などが一堂に会するのが慣習となっています。このやり方に慣れている人からすると、「売主と一度も会わずに、本当に契約が履行されるのか？」と不安になるかもしれません。

しかし、この米国式のやり方は、非常に合理的で安全です。

以下、米国における物件購入のプロセスについて、順を追って解説しましょう（【図4-4】参照）。

まず覚えていただきたいのは、米国では不動産取引を行うにあたって、買主と売主のそれぞれが、別々に不動産仲介業者を立てることです。

日本のように、同じ不動産仲介業者が買主と売主の両方から依頼を受けると、利益相反が生じる可能性があります。そこで、双方が別々に業者を立て、業者同士で契約にいたるまでの交渉を進めてもらう仕組みです。

不動産仲介業者から紹介を受けた中からめぼしい物件が見つかったら、買主は仲介業者を通じて売主に購入希望（オファー）を出します。

具体的には、購入希望額などの各種条件を盛り込んだ売買契約書案を仲介業者に作成してもらい、サインしたものに手付金を添えて、売主側に提出するのです。
手付金の金額は、物件価格の３％程度です。物件価格が50万ドル（約５６００万円）なら、手付金は1万５０００ドル（約１７０万円）程度となります。

その後の条件交渉は、いたってシンプルです。

売主が買主のオファーに同意してサインをすれば、その時点で売買契約が成立します。売買契約が成立した場合、手付金は購入代金の一部になります。

一方、売主が買主のオファーに納得しない場合は、契約書の内容を変更し、自分の

【図4-4】米国での物件購入のプロセス

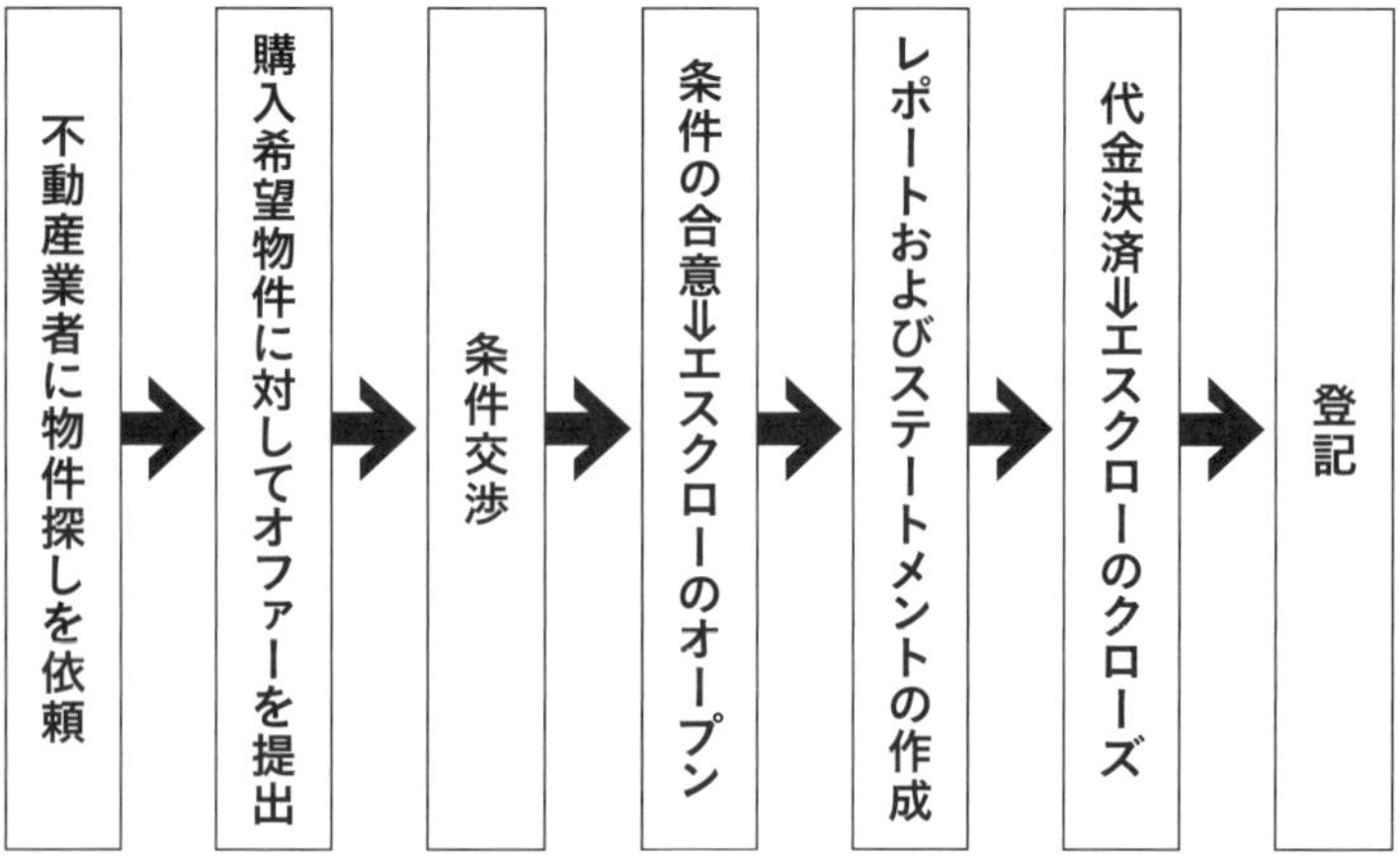

サインをして送り返してきます。これを「カウンターオファー」と言います。

買主がカウンターオファーに同意する場合は、送り返されてきた売買契約書案にサインすることによって契約が成立します。もし、買主がカウンターオファーに同意しなければ、契約は不成立となり、手付金は返却されます。

仮に不動産市況が買い手有利の状況なら、売り出し価格よりも安い購入希望額でオファーを出すことも可能です。このように希望額を提示することを「指値」と言います。

また、同様に、市況が買い手有利の状況であれば、「住宅ローン条項」といって、予定している住宅ローンが借りられなければ白紙解約する特約を入れてほしいと交渉することも可能でしょう。このあたりは、不動産仲介業者の知恵も借りながら、じっくり戦略を練ったほうがいいと思います。

売主と買主の間で契約が成立したら、エスクローの手続きが始まります。手続きを開始することを「エスクローをオープンする」などと言います。

このプロセスでは、公正中立な立場の第三者であるエスクロー会社が、契約内容に基づいて、①ターマイト・レポート、②インスペクション・レポート、③タイトル・レポート、④ディスクロージャー・ステートメントなどの各種調査報告を行います。

それぞれの内容は次のとおりです。

①ターマイト・レポート

売主の負担で行うシロアリ検査です（ターマイト＝シロアリ）。一戸建ての建物にシロアリが生息することが確認された場合は、売主の負担で駆除を行います。シロアリが柱や土台に侵食するなど、構造上の大きな問題が判明した場合、買主が契約を破棄することができます。

②インスペクション・レポート

買主が選定したホームインスペクター（建物検査員）による家屋の詳細な検査です。買主がホームインスペクションの結果に納得すれば、契約は進行されます。

③タイトル・レポート

現在の所有者の名前、ローン残債の有無などを調べるものです。定められた期限内に内容を確認し、不審な点がある場合、売主はそれらを解消しなければなりません。

④ディスクロージャー・ステートメント

物件の故障箇所や修理箇所に関して、売主が知っている事実を記すものです。買主は定められた期限内に内容を確認し、承認して契約を履行するかどうかを決めます。

これらの確認がすべて終わった後、売主と買主は登記の書類にサインし、弁護士がその書類の公証手続きを行います。

これを受けて買主は、手付金を差し引いた支払額の残金を、決済の3日前までにエスクロー会社が指定する銀行口座に送金します。決済当日、エスクロー会社は弁護士による登記を確認した後、代金を売主の口座に振り込み、買主には物件の鍵と最終計算書（HUD-1 Settlement Statement）を渡します。最終計算書とは、その不動産売買にかかったすべての費用と、その費用が誰から誰へ支払われたかを記した一覧表のことです。この確認が済めば取引は完了です。

公正中立に契約手続きを進めるエスクロー会社

エスクロー制度は日本人にはなじみの薄いものなので、もう少し詳しく説明しておきましょう。

じつは、エスクローは米国の法律に基づく公的な制度ではなく、民間のサービスですが、米国ではごく一般に利用されている非常に信頼度の高いシステムです。

不動産契約の実務を担当するエスクロー会社は、売主と買主が交わした売買契約書を預かって業務をスタートします。先ほど紹介した各種調査報告を行うだけでなく、売主の権利書を調査したり、新しい権利書の作成を弁護士に依頼したりといった作業も行います（【図4‐5】参照）。

権利移転のための登記書類には、イニシャルや署名だけで済むものもあれば、権利書や住宅ローンに関する書類のように、公証人の前で署名が必要なものもあります。日本に居住している人の場合、日本の米国大使館や総領事館で署名するか、近くの公証役場で署名する必要があります。

ちなみに、米国では公証ライセンスを持っている人（公証人）のことを「ノータリーパブリック」と言います。私もこのライセンスを持っています。

買主が支払い額の残金をエスクロー会社の口座に振り込むと、エスクロー会社は登記の直前にもう一度、物件の最終確認をします。これを「ファイナル・ウォークスルー」と言います。

登記が完了するまでの期間は、現金で購入する場合は、売買契約が成立した日から1カ月から1カ月半ほどです。銀行ローンを利用

【図4-5】エスクロー会社を介した不動産契約の概要

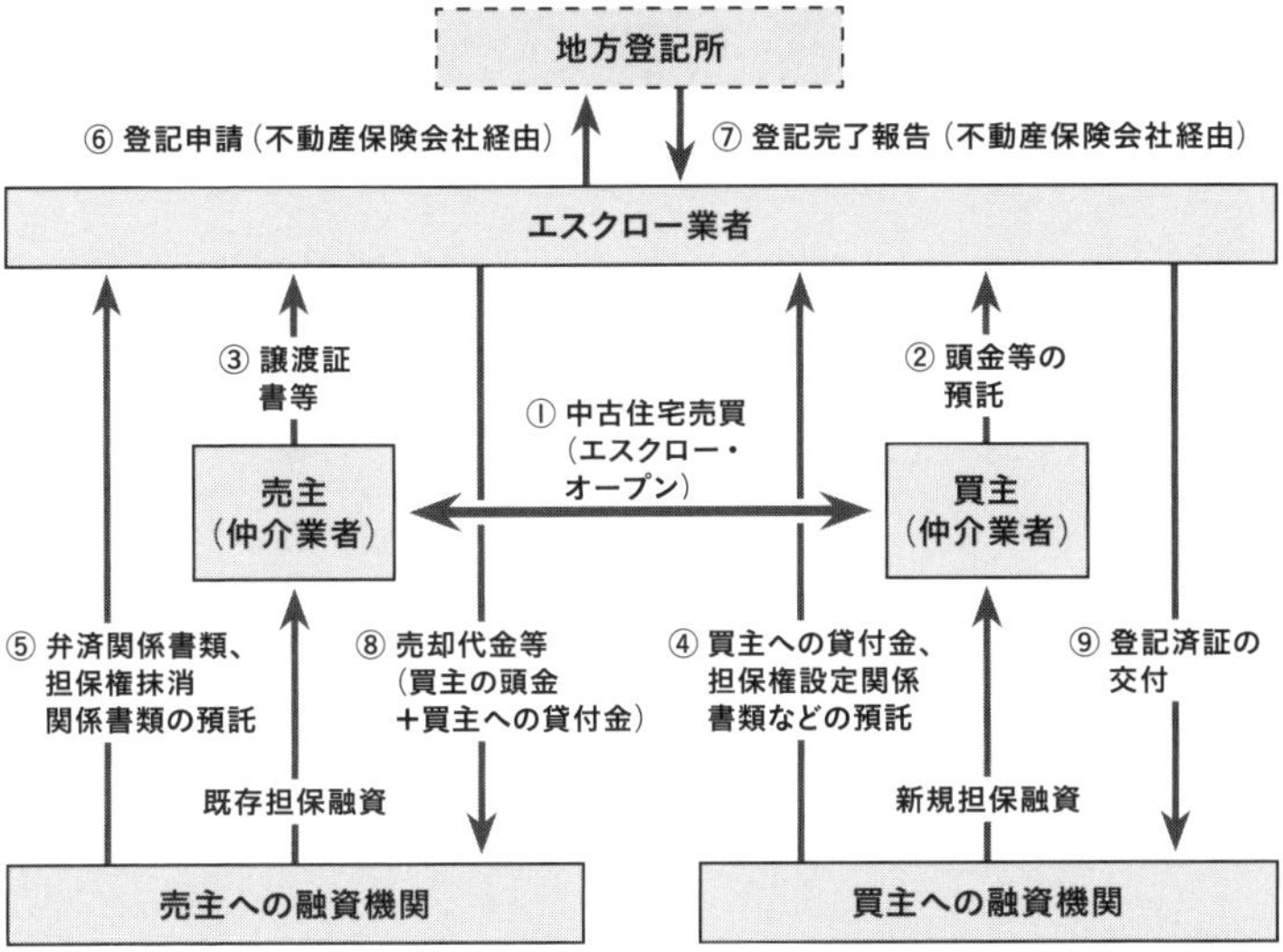

する場合、日本人だと書類のやり取りなど手続きに時間がかかるので、2カ月半から3カ月ほど見ておく必要があります。

前述したように、登記が完了すると、エスクロー会社から買主に物件の鍵と最終計算書が渡されますが、登記完了の印を押した権利書がエスクロー会社から送られてくるのは、登記から数カ月後です。ただし、鍵と最終計算書を受け取った時点で物件の受け渡しは完了しているので、その間、手元に権利書がなくてもとくに問題はありません。

念のため知っておきたい契約解除の仕組み

いったん契約は交わしたものの、何らかの都合で解除せざるをえなくなる場合もあるでしょう。そこで念のため、米国における不動産売買契約の解除手続きについても書いておきます。

日本では、相手側が契約の履行に着手する前であれば、買主なら手付金の放棄、売主なら手付金の倍額を返却することで、契約を解除できる「手付解約」という方法が民法で認められています。

しかし米国にはそのような制度はなく、契約がいったん成立したら、自分の都合で解約することはできません。どうしても解約するとなると、違約金などが発生することは頭に入れておいてください。

ただし、先ほど説明したエスクロー会社によるターマイト・レポート、インスペクション・レポート、タイトル・レポート、ディスクロージャー・ステートメントの内容に買主が納得できない場合は、一定の期間内に意思表示することで契約を解除することができます。また、予定していたローンが借りられなかったら解約できる「住宅ローン条項」を契約書に盛り込んでおけば、実際に借りられなくなったときに契約を白紙にすることができます。ただし、特約を盛り込むには売主の合意が必要なので、不動産市況が売主に有利な局面では難しいかもしれません。

これらのほかにも、米国では売買契約書にありとあらゆる可能性を書き出し、それが発生した場合はどうするのかを売主、買主の双方で取り決めておくのが一般的です。

ただしこの場合も、通常、売主には責任がなく、買主は自分で調査をして納得してから購入するというのが米国での流儀なので、買主は自分が依頼した不動産業者ともよく相談して、問題がないかどうかしっかり確認する必要があります。

不動産取引の費用はいくらかかる？

以上のように、米国での不動産取引では、不動産仲介業者だけでなく、エスクロー会社にもサービスを依頼します。では、それぞれの費用はいくらかかるのでしょうか。

エスクロー会社に支払うのは、エスクロー業務費用のほか、権利調査の費用、権利書作成の費用、登記の手数料、権利保険の保険料などです。依頼する業務の内容や量にもよりますが、合計の目安は物件購入代金の１・５％前後といったところでしょう。

一方、不動産仲介業者に支払う仲介手数料ですが、米国では基本的に売主が全額負担することになっており、買主が支払う必要は原則ありません。

日本では、中古物件の取引や、新築物件でも仲介業者が入る場合、売主と買主がそれぞれ取引価格の３％（税別）の手数料を仲介業者に支払うことになっています。これに対し、米国では取引価格の６％にあたる仲介手数料を売主がすべて負担します。それを売主の不動産仲介業者と買主の不動産仲介業者とで折半するのです。

購入時の手数料がいらないというのは、米国の不動産投資における大きなメリットと言えそうです。

ただし、当社では日本のお客さまに販売するテキサス州の区分所有コンドミニアムについては、物件価格の２〜２・５％の売買手数料をいただいています。

これは、単に物件を販売するだけでなく、日本のお客さまが安心してテキサス不動産に投資していただくための各種サービスを日本語で提供しているからです。詳しくは後述しますが、お客さまの投資を成功に導くためのコンサルティング費用だと思っていただければ幸いです。

現金で買うか？　ローンで買うか？

十分な自己資金を持っている人であれば、ローンを組まず、手持ちの現金で不動産を取得するという選択肢もあると思います。

とくに米国の不動産の場合、現金であれば、売主と売買契約を交わしてから1カ月から1カ月半ほどで取得できるので、「確定申告に間に合わせるために、早く取引を終わらせたい」といった差し迫ったニーズにも対応しやすくなります。

一方、十分な自己資金がない人や、手持ち資金はほかの用途に確保しておきたいと考える人はローンの利用を検討することになると思いますが、実際のところ、日本在住の個人が米国の金融機関からローンを借りるのはかなり難しいでしょう。

ただし、日本の金融機関なら借りられる可能性があります。たとえば、当社とかかわりが深い日本のある金融機関は、3年前に米国不動産担保ローンの取り扱いを開始していま
す（【図4-6】参照）。

このローンは現在、テキサス州およびカリフォルニア州、シアトル市（ワシントン州）の不動産を対象としており、ダラスとオースティンでは物件評価額の60％まで、コーパスクリスティでは50％までの融資を受けることが可能です。

融資額は3000万～5億円で、テキサスへの不動産投資なら十分カバーできます。

【図4-6】国内金融機関による「米国不動産担保ローン」の例

	タイプA	タイプB
利用対象者	日本国内に居住している個人、または国内法人	
保証人	法人による借り入れの場合、原則として代表者による連帯保証	
融資額	3000万〜5億円	
融資額の計算方法	不動産評価額もしくは不動産取得額×担保掛目×実行時ドル円為替レート	
担保掛目	50〜70%	40〜60%
担保	信託証書による不動産に対する担保設定	
契約期間	1年（延長可）	5年以内
返済方式	期限一括（円建て）	20年以内均等償却（利払日に支払い）
金利方式	固定	変動
利率（原則）	4.0〜6.0%	3カ月 TIBOR + 3.5〜5.5%
実行手数料（税抜）	1.0〜1.5%	2.0%
期限前弁済手数料	1.0%（1年以内に返済の場合）	2.0〜5.0%
実質年率	15.0%以下	
契約諸経費	収入印紙代、送金手数料、公証費用、エスクロー費用等	

融資期間は1年または5年以内の2タイプありますが、当社のお客さまの中には、1年契約で合意延長しながら5~6年かけて金利分だけを返済し、融資期間終了時に元本を全額返済するという契約形態を取る方が多いようです。

このほか、最近はメガバンクなどでも、国内不動産を共同担保に入れるなどの方法で海外不動産への融資を実質的に行うケースが増えています。

物件の取得から売却まで、テキサス不動産投資のすべてを支援

以上、テキサス州で不動産投資を行うための、物件探しから購入にいたるまでのプロセスについて見てきました。

ここまでの説明を読んで、「これなら自分にもできそうだ」と思った人もいれば、「意外に難しそうだ」と感じた人もいるのではないでしょうか。

とくに日本の多くの個人投資家にとって、大きな壁と感じるのは言葉の問題かもしれま

せん。米国の不動産を現地の売主から購入するわけですから、当然のことながら、情報探しからメールや電話での連絡、契約にいたるまでの事務手続きなど、すべてを英語で行う必要があります。

この〝言葉の壁〟という最初の難関を乗り越えられないために、大きな収益や節税を期待できる、テキサス不動産への投資のチャンスをみすみす逃してしまう人も、決して少なくはありません。これは非常にもったいない話だと思います。

そこで当社では、英語に自信のない人や、米国での投資経験がない人のために、日本語による米国不動産投資の支援サービスを提供しています。

具体的には、ここまで何度も述べてきたテキサス州の区分所有コンドミニアムの販売に始まり、入居付け、物件管理、出口戦略の立案・実行にいたるまで、つまり、〝入り口から出口まで〟をできるだけシンプルにパッケージ化し、すべてを日本語でサポートしているのです。

しかも、ただ物件を販売するだけでなく、お客さまの投資を成功に導くためのコンサルティングサービスまで提供しているのが当社の特色です。投資の目的や目標とするリターン、節税対策であればいくら減らしたいのかといったご要望をうかがい、それに合った戦略を提案したうえで、最適な物件をご紹介しています。

また、当社は東京に日本支社も置いており、わざわざ米国に来ていただくことなく、日本国内で現地のさまざまな物件の紹介や販売などのサービスを受けられます。

実際、日本在住のお客さまの場合、日本で物件を選んでそのまま購入される人がほとんどです。現地に物件を見に行くとなると、往復運賃や宿泊費だけで数十万円はかかりますから、そのコストだけでも利回りは大きく下がることになります。

当社が販売するのは、すべてきちんとリノベーションを施し、第3章で解説したように管理も徹底しています。そのためほとんどのお客さまは、「わざわざ現地に行かなくても、安心して任せられる」と思ってくださるようです。

ちなみに日本支社では、日本在住のお客さまがテキサス州の不動産を購入するためのローンについてもご相談を受けています。

第5章

テキサス不動産投資の実例

都市別・価格別でテキサスの不動産物件をチェック

テキサス州の不動産物件を実例で紹介

この章では、テキサス州でどのような物件が購入可能なのか、具体的な実例をもとに紹介します。なお、ここで取り上げるのは、すべて当社が販売した物件、またはこれから販売する予定の物件です。

ダラスの物件

テキサス州北東部のダラス・フォートワース都市圏は、同州の中でも人口増加率が高く、全米主要都市の中でも常に上位にランクインしています。

世帯年収の中間値（最高年収から最低年収までを並べたときの中間）は6万1600ドルと、全米の中間値の5万6100ドルを大きく上回っており、比較的家賃の高い物件でも一定の賃貸需要が見込めそうです。

また、第1章で紹介したように、ダラスはテキサス州の高速鉄道計画のターミナルとなる予定であり、現時点でもダラス・フォートワース空港などの交通インフラが整っていることから、アマゾンをはじめとする企業の進出が盛んになっています。そのため、賃貸需要も今後ますます高まっていくことが期待されます。

《1戸1100万円台から》

●トリニティ・メドウズ・コンドミニアムズ（Trinity Meadows Condominiums）

1981年に建てられた220戸の区分所有コンドミニアムによるコミュニティです。当社はそのうち、74％にあたる163戸をリノベーションして販売しています。

敷地面積は8・28エーカー（約1万坪）と広大で、コミュニティの入り口にゲートを設けるなど、セキュリティも万全です。

ダラスの中でも優良学区として知られるリチャードソン・インディペンデント・スクー

ル地区に位置しており、隣には大きなショッピングセンターもあります。

バス停留所にも近く、高速道路や幹線道路へのアクセスも便利で、通勤・通学には絶好のロケーションであると言えます。建物は木造の骨組みとコンクリート造の床に、漆喰と木造外壁、勾配のあるアスファルトシングルの屋根で建築されています。

1戸あたりの広さは730〜1020平方フィート（約68〜95㎡）で、内装は、アトリウム（ガラス天井）、プライベートパティオ（中庭）、暖炉、ビニールクロス、カーペット、セラミックタイル床という構成。銅線の電気配線済みで、1戸ごとに独立した空調システムや電気メーター、湯沸かし設備などが調っています。

【図5-1】は、トリニティ・メドウズの1ベッドルーム・1バスルームタイプ（面積約68㎡）の物件を取得した場合の、キャッシュフローのシミュレーションです。

物件価格は9万9800ドル（約1130万円）で、諸経費を合わせた初期費用は10万4790ドル（約1180万円）。家賃収入は年間1万80ドル（約114万円）なので、表面利回りは10・10％となります。固定資産税や管理費などの諸経費を差し引いた実質利回りも4・55％とまずまずの水準です。

また、築22年以上が経過しており、物件価格に占める建物の比率は85％なので、購入し

【図5-1】

物件タイプ	1Bd 1Bath タイプ①
物件住所	9696 Walnut St. Dallas, TX 75243
購入タイプ	キャッシュ

●物件情報

提示価格	$99,800.00
築年数	1981
ベッドルーム	1
バスルーム	1
床面積(sqft)	730
㎡	67.82
坪	20.52
建物比率(減価償却)	85%

●初期経費

初期費用経費合計	$4,990.00 (販売価格の5%)
初期費用合計	$104,790.00

●維持費／利回り

	月間	年間
家賃	$840.00	$10,080.00
諸経費 (固定資産税・管理費など)	$462.00	$5,544.00
純利益	$378.00	$4,536.00
表面利回り	0.84%	10.10%
実質利回り	0.38%	4.55%

た年から4年間にわたって、年約２４０万円ずつの減価償却費を計上することができます（減価償却の仕組みについては91ページ参照）。

《1戸1200万円台から》

●ザ・ギャストニアン・コンドミニアムズ（The Gastonian Condominiums）

「オールドイーストダラス」と呼ばれる、昔からの市街地にある61戸のコンドミニアムです。食事や買い物など、ほとんどの用事が徒歩圏内で済む便利なエリアにあるため、非常に人気の高い物件です。ベイラーユニバーシティメディカルセンターという大学病院も徒歩圏内にあります。また、ダラス都心への通勤時間は車で8〜10分、バスでも30分以内と、交通アクセスも大変便利です。

価格は1ベッドルーム・1バスルームタイプ（約56㎡）で11万ドル（約１２４０万円）。賃貸の表面利回りは10・36％、実質利回りは5・72％です。

また、築年数が22年を超えており、物件価格に占める建物比率が90％と高いので、11万ドルの物件を購入した場合、４年間にわたって年約２８０万円の減価償却費を計上できます（【図5‐2】参照）。

【図5-2】

物件タイプ	1Bd 1Bath
物件住所	4502 Gaston Dallas TX 75246
購入タイプ	キャッシュ

●物件情報

提示価格	$110,000.00
築年数	1984
ベッドルーム	1
バスルーム	1
床面積（sqft）	600
㎡	56
坪	17
建物比率（減価償却）	90%

●初期経費

初期費用経費合計	$5,500.00（販売価格の5%）
初期費用合計	$115,500.00

●維持費／利回り

	月間	年間
家賃	$950.00	$11,400.00
諸経費（固定資産税・管理費など）	$425.00	$5,100.00
純利益	$525.00	$6,300.00
表面利回り	0.86%	10.36%
実質利回り	0.47%	5.72%

《1棟ものアパートメント、2億円台》

●1810プレイス（1810 Place）

名前のとおり、「1810 N Fitzhugh Avenue」という通りに面する1棟ものアパートメント。総ベッドルーム数は16室、バスルームは17室あり、建物の面積は約1027㎡です。徒歩圏内にカフェやレストランがたくさんあり、都心にも近いことが魅力。ダウンタウンまでは車や自転車で約5分、バスでも約10分です。

1棟ものなので価格は180万ドル（約2億300万円）と高額ですが、満室を維持すれば年間19万ドル（約2100万円）以上の家賃収入が見込めます。表面利回りは10・61%、実質利回りは6・45%です。

1962年に建設された建物をリノベーションしており、物件価格に占める建物比率は86%なので、購入後の4年間、1年あたり約4400万円もの減価償却が可能です（【図5-3】参照）。

【図5-3】

物件タイプ	アパート
物件住所	1810 Fitzhugh Ave., Dallas, TX 75204

●物件情報

提示価格	$1,800,000.00
築年数	1962
ベッドルーム	16
バスルーム	17
床面積(sqft)	11,060
㎡	1027
坪	311
敷地面積(sqft)	20,000
建物比率(減価償却)	86%

●初期経費

初期費用経費合計	$63,000.00 (販売価格の3.5%)
初期費用合計	$1,863,000.00

●維持費／利回り

	月間	年間
家賃	$15,919.26	$191,031.10
諸経費 (固定資産税・管理費など)	$6,240.53	$74,886.31
純利益	$9,678.73	$116,114.76
表面利回り	0.88%	10.61%
実質利回り	0.53%	6.45%

コーパスクリスティの物件

次に紹介するのは、コーパスクリスティの3つの物件です。

第1章でも触れたように、私はテキサス州の中でもコーパスクリスティはダラスやオースティンと並んで、今後の経済発展や、それに伴う住宅需要の拡大が期待できる都市だと思っています。

メキシコ湾岸に位置するこの地には、大規模なシェールガス・シェールオイルの輸出基地が建設され、多数の労働者が集まっていることがその大きな理由です。

加えて、コーパスクリスティの不動産価格は、テキサス州のほかの大都市と比べるとまだ低めなので、中長期で保有すればより大きなキャピタルゲインも狙えそうです。

《1戸700万円台から》

●サンタフェ・アームズ・コンドミニアム（Santa Fe Arms Condominium）

コーパスクリスティの目抜き通りに近い、非常に好ロケーションのコンドミニアムです。

戸数はテナント付きで29戸。部屋タイプは2ベッドルーム・1バスルームが17戸、1ベッドルーム・1バスルームが12戸です。

もともとアパートメント形式の建物だったのですが、当社が購入してコンドミニアムへの改装を進めています。

価格は1戸7万ドル（約790万円）前後から。想定家賃は695ドルから900ドル（約7万8000円から約10万円）です。

【図5-4】は、物件価格7万ドルの1ベッドルーム・1バスルームタイプの物件を購入した場合のキャッシュフローをシミュレーションしたものです。

ローンを設定せず、全額現金で購入した場合、物件価格と諸経費を合わせた初期費用は7万3500ドルとなります。

これを周辺の家賃相場と同じ695ドルで貸した場合、年間の家賃収入は8340ドル。表面利回りは11・91%となります。

仮に一時的な空室が発生して年間5%の家賃収入を失い、固定資産税や管理費などの維持費を差し引いたとしても、実質利回りは6・57%とかなりの高水準です。

実質利回りが6・57%ということは、仮に家賃が上がらなくても、約15年持てば家賃収入だけで投資額が回収できる計算です。

また、この建物は1956年に建てられており、物件価格に占める建物の比率は82%なので、日本で確定申告をする際に、毎年約160万円ずつ4年間にわたって減価償却することができます。節税面においてもメリットの大きな物件だと言えます。

何より、700万円台という格安の値段でテキサス州の不動産物件が買えるというのは、予算の限られている投資家の方々にとって非常に大きな魅力でしょう。

【図5-4】

物件タイプ	コンドミニアム
物件住所	3120 Santa Fe Street,Corpus Christi,TX 78404
部屋タイプ	1B/1BA
購入タイプ	キャッシュ

●物件情報

提示価格	$70,000.00
築年数	1956
ベッドルーム	1
バスルーム	1
床面積(sqft)	686
㎡	64
坪	19
敷地面積(sqft)	74,183
固定資産税(2013年)	$545.00
建物比率(減価償却)	82%

●初期経費

初期費用経費合計	$3,500.00 (販売価格の5%)
初期費用合計	$73,500.00

●維持費／利回り

	月間	年間
家賃	$695.00	$8,340.00
諸経費 (固定資産税・管理費など)	$311.84	$3,742.08*
純利益	$383.16	$4,597.92
表面利回り	―	11.91%
実質利回り	―	6.57%

*年間空室率5%を考慮しています。

《1戸1100万円台から》

●ザ・プリンセス・コンドミニアムズ（The Princess Condominiums）

このコンドミニアムの前身は、1920年代に巨大な勢力を誇ったギャング組織の首領、アル・カポネも滞在したことのある由緒あるホテルです。

メキシコ湾を望む絶好の景観と、コーパスクリスティのダウンタウンという立地が魅力。数分ほど歩けば、海岸沿いを走る大通りや、クラフトビールやライブミュージックなどが楽しめるしゃれたレストランがあり、生活環境は抜群です。ヨットハーバーにも近く、リゾートライフも楽しめます。

当社はこの物件を丸ごと仕入れ、昔ながらのホテルの雰囲気を残しつつ、コンドミニアムとして販売するための全面改修工事を進めています。

ステューディオタイプ（ワンルームに相当）、1ベッドルーム・1バスルームタイプを中心に、計58戸であり、すべて区分販売しています。

《1戸600万円台から》

●カサ・リンダ・コンドミニアム（Casa Linda Condominium）

目の前に学校があり、バス停、公園、ビーチにも近い好立地。コーパスクリスティ市内でも比較的世帯収入が高いカサ・リンダ地区にあり、治安がよいことも入居者に好まれています。

アパートメント形式の建物を当社が取得し、現在、コンドミニアムへのリノベーションはすでに済んでおり、完売しております。

1ベッドルーム・1バスルームタイプと2ベッドルーム・1バスルームタイプをそれぞれ24戸ずつ、価格は前者が6万ドル（約680万円）、後者が7万5000ドル（約850万円）です。実質利回りは6・69％を見込んでいます。

《アパートメント342戸、約20億円》

●バッカニアー・ガーデン・アパートメント（Buccaneer Garden Apartment）

コーパスクリスティの中心部の一等地にあるコミュニティ（アパートメント群）です。29エーカー（約3・5万坪）の広大な敷地に、342戸のアパートメントが建っています。

コーパスクリスティには米海軍の基地があり、この敷地も以前は軍が所有するものでしたが、当社が丸ごと取得し、コミュニティとして再開発しました。

それを2017年3月、日本のある法人のお客さまがまとめて購入されました。購入金額は合計で1750万ドル（約20億円）、1戸あたりにすると5万1000ドル（約580万円）という、非常に割安な価格です。

当社では1000万円前後の区分所有物件だけでなく、お客さまのニーズに応じて、このコミュニティのようにまとまった物件も販売しています。

このお客さまの場合、最初にテキサス州の別の物件を1億円ほどで購入されたのですが、そこで投資効果や節税効果を実感されたため、より高額な物件をリピート購入されることになりました。コーパスクリスティの有望性を確信し、積極的に投資を行われている事例であると言えます。

このお客さまは、ある装置のメーカーですが、購入した342戸すべてのアパートメントにおいて、自社製の装置を設置されました。このアパートメントによる資産形成を図るだけでなく、米国市場において自社製品の販促を行うという狙いもあるようです。

このように、投資や節税のメリットに着目するだけでなく、米国市場開拓の足掛かりとして米国での不動産投資を始める日本企業は、今後さらに増えるのではないかと思われます。

ちなみに、このコミュニティはコーパスクリスティの目抜き通りに立地しており、近隣には市有数の医療・文教エリアがある絶好のロケーションです。そのため、2～3年後には、購入価格よりも約3～5割高い2400万～2750万ドルでの売却も可能とみています。

賃貸の利回りは、周辺の家賃相場を考慮すると表面利回りで約12%、実質利回りで約5%が期待できます。

また、物件価格に占める建物の割合が最大90%と高く、購入後4年間、年400万ドル（約4億5000万円）の節税効果が期待できることも、物件を取得したお客さまにとって非常に大きな魅力だったようです。

オースティンの物件

ダラス、コーパスクリスティと並んで、私がテキサス州の中で注目している都市がオースティンです。

〝次のシリコンバレー〟と呼ばれるIT産業の集積地であることや、『サウス・バイ・サウスウエスト』（SXSW）などのイベントを通じて、最先端の街としてのイメージが広まっていることなどから、若者たちのオースティンへの流入を促しています。

実際、オースティンのあるテキサス州トラビス郡では、2013年から2014年にかけて人口が6万1826人も増えており、ある民間機関の調査によると、トラビス郡は「才能ある人材を引きつける郡」として全米1位にランクされています。全米2位はカリフォルニア州サンフランシスコ郡ですが、トラビス郡は倍の得点でサンフランシスコを引き離しており、オースティンがいかに可能性に満ちた都市であるかということがうかがえます。

ちなみにオースティンは、雑誌『フォーブス』が2016年に発表した「全米将来有望都市ランキング」でも第1位、独立系シンクタンクのミルケン協会による全米の「優良発展都市」ランキングでは第4位に選ばれています。

《1戸2000万円台から》

●ザ・マドリッド（The Madrid）

総戸数30戸のコンドミニアムです。豊かな自然環境に囲まれ、ショッピングや文化の中心として全国的にも有名な「ＳｏＣｏエンタメ地区」まで徒歩で行けるという立地のよさも魅力です。ＳｏＣｏとは、サウス・コングレス・アヴェニューの略で、通り沿いにはおしゃれなレストランや店舗が軒を連ねています。この通りをそのまま歩くとダウンタウンに行けるので、通勤にも好都合です。

部屋のタイプは、１ベッドルーム・１バスルームが19戸、２ベッドルーム・２バスルームが８戸、３ベッドルーム・２バスルームが３戸。床面積は５９４〜１２２１平方フィート（約55〜１１３㎡）です。

最も床面積が小さい５９４平方フィートの１ベッドルーム・１バスルームタイプの価格は19万２０００ドル（約２１７０万円）。諸経費を合わせた初期費用は20万２５６０ドル

（約2290万円）です。年間家賃収入は1万6800ドル（約190万円）なので、表面利回りは8・75％となります。固定資産税や管理費などの諸経費を除いた実質利回りは5・25％です。

また、ザ・マドリッドの建物は築22年以上が経過しており、物件価格に占める建物比率は75〜85％なので、最も安い物件を購入した場合でも、年あたり約400万円ずつの減価償却が4年間にわたって可能です（【図5-5】参照）。

【図 5-5】

物件タイプ	1Bd 1Bath
物件住所	1202 Newning Ave., Austin, TX 78704
購入タイプ	キャッシュ

●物件情報

提示価格	$192,000.00
築年数	1966
ベッドルーム	1
バスルーム	1
床面積（sqft）	594
㎡	55
坪	17
建物比率（減価償却）	75～85%

●初期経費

初期費用経費合計	$10,560.00（販売価格の5.5%）
初期費用合計	$202,560,00

●維持費／利回り

	月間	年間
家賃	$1,400.00	$16,800.00
諸経費（固定資産税・管理費など）	$560.00	$6,720.00
純利益	$840.00	$10,080.00
表面利回り	0.73%	8.75%
実質利回り	0.44%	5.25%

カレッジステーションの物件

大学の街であるカレッジステーションは、学生や学校関係者が多く、常に安定した賃貸需要が見込める街です。

しかも、街の中心部に近いテキサスA&M大学の入学者数は、2008年の4万8039人から2012年には5万2227人へと増え続けており、今後もさらなる需要の拡大が期待できます。

《1戸900万円台から》

●ザ・オークス・オブ・ヴィラ・マリア（The Oaks of Villa Maria）

テキサスA&M大学から車で10分ほどの場所にある物件です。1ベッドルーム・1バスルームタイプから3ベッドルーム・2バスルームタイプまで、計10戸が用意されています。

価格は最も安い1ベッドルーム・1・5バスルームタイプが8万ドル（約900万円）、最も高い3ベッドルーム・2バスルームタイプが12万8500ドル（約1450万円）で

【図5-6】

物件タイプ	3Bd 2Bath
物件住所	1305 west Villa Maria Rd
購入タイプ	キャッシュ

●物件情報

提示価格	$128,500.00
築年数	2000
ベッドルーム	3
バスルーム	2
床面積（sqft）	1,451
㎡	135
坪	41
建物比率（減価償却）	91%

●初期経費

初期費用経費合計	$7,067.5 （販売価格の5.5%）
初期費用合計	$135,567.5

●維持費／利回り

	月間	年間
家賃	$1,050.00	$12,600.00
諸経費 （固定資産税・管理費など）	$598.11	$7,177.00
純利益	$451.89	$5,423.00
表面利回り	0.82%	9.81%
実質利回り	0.35%	4.22%

す。

この物件の特徴は、ダラスなどの大都市に比べて地価が安いため、物件価格に占める建物の比率が91％と高いことです。

築年数は22年を経過しているので、最も高い12万8500ドルの物件を購入した場合、その後4年間、年あたり約330万円ずつの減価償却が可能となります。

最も高い物件の家賃収入によって得られる表面利回りは9・81％、実質利回りは4・22％です（【図5-6】参照）。

《1戸1200万円台から》

●ヒッコリー・タウンハウス（Hickory Townhouse）

１９８６年に建設された建物をタウンハウスとしてリノベーションした物件です。２ベッドルームタイプが22戸、３ベッドルームタイプが12戸用意されており、それぞれのタイプの価格は11万ドル（約１２４０万円）、12万ドル（約１３６０万円）です。

３ベッドルームタイプの場合、年間の家賃収入は1万２００ドル（約１１５万円）、表面利回りは９・27％となります。固定資産税や管理費などを差し引いた実質利回りは２・19％です。

物件価格に占める建物比率は80％なので、２ベッドルームタイプの場合、購入後の４年間、年あたり約２５０万円ずつの減価償却が可能となります（【図５-７】参照）。

【図5-7】

物件タイプ	タウンハウス
物件住所	2500-2530 Hickory Dr,/608-806 Cross Timbers Dr, College Station, TX77840
部屋タイプ	2 beds
購入タイプ	Seller Finance

●物件情報

提示価格	$110,000.00
築年数	1986
ベッドルーム	2
バスルーム	2
床面積(sqft)	985
㎡	92
坪	28
敷地面積(sqft)	—
固定資産税(2013年)	$2,039.00
建物比率(減価償却)	80%

●初期経費

初期費用経費合計	$5,500.00 (販売価格の5%)
初期費用合計	$115,500.00

●維持費/利回り

	月間	年間
家賃	$850.00	$10,200.00
諸経費 (固定資産税・管理費など)	$649.00	$7,788.00
純利益	$201.00	$2,407.00
表面利回り	—	9.27%(家賃相場)
実質利回り	—	2.19%(純利益/価格)

サンアントニオの物件

歴史の街として知られるサンアントニオは、その古きよきイメージに加え、経済や人口の伸びが著しい都市でもあります。

同市の人口は２０１０年から２０１２年の間に４・17％増加して１３８万人に。サンディエゴ市を抜き、人口規模で全米７位の都市となりました。この間の人口の伸び率は、人口75万人以上の都市としては最大級です。

また、２０００年から２０１０年にかけての大卒人口の伸び率では、サンアントニオは全米６位にランクしています。サンアントニオ市内には、エネルギー関連を中心にフォーチュン５００企業のうちの５社が本社を構えており、シェールガス・シェールオイル開発のゲートウェイ都市として、今後も数多くの人材を国内外から呼び集めるはずです。

《1棟ものアパートメント、2億円台》

●リビエラ・アラモ・ハイツ（Riviera Alamo Heights）

豊かな緑に囲まれたエリアにあるコンドスタイルのアパートメントです。アラモ・ハイツ地区という高級住宅街の角地に位置し、周囲には裕福な世帯が多いので、治安はきわめて良好。空港やダウンタウンまで車で10分前後という交通アクセスのよさも魅力です。

0・56エーカー（約685坪）の敷地に建てられたアパートメントの総戸数は21戸。共用の大きな屋外プールも設けており、入居者は都会にいながらにしてリゾート気分を味わうことができます。物件価格は180万ドル（約2億3000万円）です。

建物は1965年に建設され、物件価格に占める建物比率も92％と高いので、購入後4年間、年あたり約4680万円ずつ減価償却費を計上することが可能です。

年間の家賃収入は18万1584ドル（約2050万円）で、表面利回りは10・09％。固定資産税や管理費などを差し引いた実質利回りは5・48％です（【図5-8】参照）。

【図5-8】

物件タイプ	アパート一棟
物件住所	2118 Edgehill Dr., San Antonio,TX 78209

●物件情報

提示価格	$1,800,000.00
築年数	1965
ユニット数	21
ベッドルーム	20
バスルーム	22
床面積(sqft)	14,282
㎡	1327
坪	401
敷地面積(sqft)	24,375
建物比率(減価償却)	92%

●初期経費

初期費用経費合計	$63,000.00 (販売価格の3.5%)
初期費用合計	$1,863,000.00

●維持費/利回り

	月間	年間
家賃	$15,132.00	$181,584.00
諸経費 (固定資産税、管理費など)	$6,917.00	$83,004.00
純利益	$8,215.00	$98,580.00
表面利回り	0.84%	10.09%
実質利回り	0.46%	5.48%

あとがき

本書を最後までお読みいただき、誠にありがとうございます。

本編でも何度か申し上げたように、私が設立したリーバンズコーポレーションでは２０１４年から、日本のお客さま向けにテキサス州の区分所有コンドミニアムを販売する事業を手掛けています。

私がテキサス州に関心を持つきっかけとなったのは、トヨタ自動車が北米本社をダラス近郊のプレイノ市に移転するというニュースでした。

そして実際に現地を訪問してみると、〝次のシリコンバレー〟として期待されている州都オースティンや、シェールガス・シェールオイルの輸出基地建設によって活気づいているコーパスクリスティなど、テキサス州の経済が、想像していた以上にものすごいことになっているのを実感しました。

テキサス州には非常に大きな投資チャンスが潜んでいる――。

そう確信した私は、日本のお客さまにもテキサス州への投資チャンスを享受していただけるように、区分所有コンドミニアムの販売を開始したのです。

なぜ区分所有にこだわったのかと言えば、なるべく少ない資金で投資できるチャンスを、日本のお客さまに提供したかったからです。富裕層だけでなく、一般のサラリーマンにも手が届く価格帯にすることで、より多くの人々に投資に挑戦してほしいと思いました。

本書をお読みいただいた皆さんには、テキサス州経済がいかに成長の可能性に満ちていて、大きなキャピタルゲインや安定的なインカムゲインを期待できる投資先であるのかということを、十分にご理解いただけたのではないかと思います。

しかし、どんなに有望な市場でも、投資に必要な金額があまりにも大きすぎると、参加できる人は限られてしまいます。そこで、日本の個人投資家の方々に人気の高いワンルームマンションと同じくらいの金額で、テキサス州の不動産を販売できないかと考え、区分所有コンドミニアムを提供することにしたのです。

実際、ダラスで1物件あたり7万~10万ドル（約800万~1100万円）という価格設定は、多くの日本のお客さまにとって魅力的だったようで、これまでの3年間で200

0戸以上を販売するという高い実績に結びついています。

価格とともに、もうひとつ私が強くこだわったのは、できるだけ簡単に投資ができる仕組みを提供するということです。

本編でも解説したように、米国での不動産取引の手続きは日本とはかなり違いますし、情報収集や交渉、契約書づくりなどは、すべて英語で行わなければなりません。

また、不動産投資は物件を取得したら終わりではなく、物件の管理や出口戦略の策定・実行など、投資成果を最大化させるための取り組みを長く続ける必要があります。一般に、物件の取得から売却まで、つまり〝入り口〟から〝出口〟までのすべての面倒を見てくれる不動産会社は、米国ではそう多くありません。まして、日本語でサービスを提供してくれる会社となると、見つけるのは非常に困難です。

そこで当社は、〝入り口〟から〝出口〟までのすべてを日本語でサポートし、日本のお客さまにも手軽にテキサス不動産投資を始めてもらえるようにしました。

物件を安く提供することと、なるべく簡単に始められるようにすること。

この2つを思いつくヒントとなったのは、配車サービス大手のウーバーや、バケーションレンタル大手のエアビーアンドビーをはじめとするシェアリングビジネスと、ｉＰｈｏｎｅでおなじみのアップルの思想です。

シェアリングビジネスは、タクシーの代わりに自家用車をシェアしたり、一般住宅を民泊用に提供したりすることによって、交通費や宿泊費を安上がりにするという〝価格破壊〟をもたらしました。一方でアップルは、取扱説明書がなくても誰でも直感的に操作できるｉＰｈｏｎｅのように、「メーク・イット・シンプル」な製品づくりに取り組んでいます。

この2つの動きに影響を受けて、私たちが提供するテキサス不動産も、「安く」「簡単に」という点にとことんこだわることにしたのです。

実際、その手軽さもあってか、私たちが提供するテキサス不動産は、富裕層や年配の方だけでなく、日本の若い男性や女性にもご購入いただいています。

当社は今後も、より安くて簡単な投資機会を提供することで、テキサス不動産投資のすそ野を広げていきたいと思っています。

なお当社は、テキサス不動産投資の魅力をより多くの方に知っていただくため、日本で随時セミナーを開催しています。本書を読んで、テキサス不動産投資についてもっと詳しく知りたい」と思われた方は、ぜひお気軽にご参加ください。
また、東京にある日本支社でもご相談を随時受けつけております。

2018年3月

リーバンズコーポレーション会長
ニック・市丸

テキサスで始めるワンルームマンション投資
——日本にいながら米国の不動産が購入できる!

2018年4月18日　第1刷発行

著者　ニック・市丸
発行　ダイヤモンド社
〒150-8409　東京都渋谷区神宮前6-12-17
http://www.diamond.co.jp/
電話／03-5778-7235（編集）　03-5778-7240（販売）
編集協力　渡辺 賢一
石田修平、関村春妃（リライアンス）
装丁　平田 毅
制作進行　ダイヤモンド・グラフィック社
印刷　慶昌堂印刷
製本　宮本製本所
編集担当　前田早章

ISBN 978-4-478-10529-0

本書は投資の参考となる情報の提供を目的としております。投資にあたっての意思決定、最終判断はご自身の責任でお願いいたします。本書の内容は2018年3月22日現在のものであり、予告なく変更されることもあります。また、本書の内容には正確を期する万全の努力をいたしましたが、万が一の誤り、脱落等がありましても、その責任は負いかねますのでご了承ください。